만화로
배우는
**프로그래밍**

**일러두기**

＊이 책의 만화 부분은 일본 만화 순서를 따랐습니다. ①왼쪽 페이지에서 오른쪽 페이지로, ②한 페이지 안에서는 오른쪽에서 왼쪽으로, 위에서 아래로 읽어주세요.

MANGA DE ZAKKURI MANABU PROGRAMMING
Written & Supervised by Makoto Taniguchi
Scenario by Taki Kitada
Manga by anco
Manga produced by TREND-PRO
Copyright © 2018 Makoto Taniguchi, Taki Kitada, anco, TREND-PRO
All rights reserved.
Original Japanese edition published by Mynavi Publishing Corporation

Korean translation copyright © 2020 by VISION B&P
This Korean edition published by arrangement with Mynavi Publishing Corporation, Tokyo,
through HonnoKizuna, Inc., Tokyo, and BC Agency

이 책의 한국어판 저작권은 BC에이전시를 통해 저작권자와 독점계약을 맺은 (주)비전비엔피에 있습니다. 저작권법에 의해 한국 내에서 보호를 받는 저작물이므로 무단전재와 복제를 금합니다.

만화 비즈니스 클래스 ❹

# 만화로 배우는
# 프로그래밍

다니구치 마코토 글 | anco 그림 | 기타다 다키 시나리오 | 위정훈 옮김

비전코리아

# 프롤로그

요즘 '프로그래밍'이라는 단어가 주목받고 있습니다. 서점에 가보면 프로그래밍을 특집으로 다룬 잡지나 관련 서적이 많이 나와 있으며 프로그래밍 학원도 많이 생겨나고 있습니다.

왜 지금, 이 단어에 주목할까요? 모두 아시다시피 한 가지 이유는 4차 산업혁명 시대에 인재로 자랄 수 있도록 2020년부터 초등학교 교육 과정에 프로그래밍이 포함되었기 때문이지요(한국은 2019년부터 코딩 교육이 초등학교 교육 과정으로 의무화되었습니다). 앞으로 전 세계적으로 프로그래밍 기술과 그 사고방식이 아주 중요해집니다. 이에 대비하여 일찍감치 프로그래밍을 접하게 하기 위한 의무 교육이지요.

'프로그래밍'이란 스마트폰이나 PC, 로봇 같은 컴퓨터를 제어하기 위해 소프트웨어를 작성하는 기술입니다. '프로그래밍 언어'라는 독특한 언어를 다루면서 '프로그램'을 작성해가는 작업이 프로그래밍입니다. 앞으로는 이 프로그래밍의 비중이 점점 커질 전망입니다.

예를 들어, 10여 년쯤 전에 카메라는 셔터 버튼을 누르면 용수철의 힘 등으로 셔터가 작동하여 필름에 빛을 쪼여서 사진을 찍었습니다. 여기에는 기계 장치가 작동하고 있으며, 이때 필요한 것은 이른바 물건

제조 같은 기능이었습니다. 그러나 현대의 카메라는 버튼을 누르면 프로그램이 처리를 수행하여 메모리에 기록합니다. 빛의 노출이나 초점 등을 모두 프로그램이 계산하여 적절히 조정해줍니다. 여기서 필요한 것은 IC나 메모리 같은 전자부품과 프로그램입니다. 기계가 필요 없어진 만큼 스마트폰의 카메라처럼 초소형화되었습니다. 또 다른 예로, 자동차 등도 현재는 프로그램으로 제어하는 부분이 늘어나고 있으며 자율주행 등도 프로그램의 힘으로 실현되고 있습니다.

투자나 의료 분야에서는 AI(인공지능)를 적극적으로 활용해 주식 매매, 암 발견 등에서 활약하고 있습니다. 지금까지 인간이 지식이나 감, 센스 등으로 행하던 작업을 AI가 대행하고 있습니다. 앞으로의 시대에는 이들 AI와의 조화, AI를 활용하기 위한 프로그래밍 지식이 필요합니다.

프로그래밍 학습은 프로그램을 작성하는 직업인 프로그래머가 되기 위해서만 필요한 것이 아닙니다.

프로그래밍을 배운다는 것은, 컴퓨터가 어떤 원리로 작동하고 어떤 식으로 '명령'하면 어떤 식으로 움직이는지에 대한 이해입니다. 이것을 이해함으로써 컴퓨터나 AI에 '이용되지 않고', '이해하고 사용'할 수 있게 됩니다. 또한 평소에도 많이 쓰는 컴퓨터를 좀 더 효과적으로 활용하고, 새로운 사용법 등을 생각해냄으로써 업무를 더 효율적으로 처리할 수 있겠지요.

프로그래밍은 폭도 아주 넓고 갈 길도 먼 공부입니다. 이 책이 프로그래밍 공부를 시작하려는 여러분에게 좋은 길잡이가 될 수 있다면 행복하겠습니다.

# 차례

프롤로그 004
등장인물 010

## 1 프로그래밍이란 뭘까?
## Power Automate

만화 「복잡하고 힘든 일을, 전부 자동화」 022

**CHECK POINT**

프로그래밍의 기본, '귀찮은 일은 컴퓨터에' 036

프로그램의 기본은 'O을 ㅁ한다'는 것 040

오토메이트 서비스로 프로그래밍 체험하기 046

COLUMN  웹브라우저는 어떤 것을 사용할까? 055

사이트 업데이트 정보 알림 만들기 056

프로그래밍은 발상이 중요! 058

# 2 블록을 연결하면 완성! 게임 같은 프로그래밍 Scratch

만화 「초등학교의 프로그래밍 강좌」 062

## CHECK POINT

비주얼 프로그래밍을 사용한 어린이용 프로그래밍 교재 080

로봇과 연계하여 더욱 직관적인 프로그래밍 학습 084

스크래치를 시작해보자 086

대화하는 프로그램 만들기 093

변수 사용하기 097

계산하게 하기 103

# 3 프로그래밍을 좀 더 깊이 알아보자
## JavaScript

만화 「두 사람을 이어주는 계획」 110

**CHECK POINT**

자바스크립트란 뭘까? 132
일단 컴퓨터 구조부터 이해하기 135
컴퓨터는 사실 전부 똑같다? 137
제어와 연산을 담당하는 컴퓨터의 두뇌 'CPU' 140
기억장치가 둘로 나뉜 이유 142

COLUMN 데이터 단위 143

자바스크립트로 프로그램 만들기 144
어떤 프로그램을 만든 걸까? 147

# 4 실전! 프로그래밍 JavaScript

만화 「처음 만든 프로그래밍」 **152**

**CHECK POINT**
순차 프로그램 배우기 **164**
선택 프로그램 배우기 **167**
반복 프로그램 배우기 **177**
배열·리스트 사용해보기 **183**

> COLUMN  짧게 쓸 수 있는 for 구문  **191**

프로그램의 '디버그' 배우기 **192**

> COLUMN  자바스크립트를 기술하는 파일에 대하여  **205**

만화 「프로그래밍이 이어주는 미래」 **206**

에필로그 **210**

# 주요 등장인물

**무라구치 후쿠**

입사 3년 차 회사원. 열정과 의욕이 넘치는 영업맨으로, 여러 사람에게 사랑받는 타입이다. 특유의 친화력으로 영업 업무는 잘 해내고 있지만, 소소한 사무 업무를 잘 못해서 야근할 때가 많다. 이 문제를 어떻게든 해결하고 싶다.

**이가와 아이카**

후쿠의 선배인 이가와 에이카의 여동생. 이공계 대학원생으로 연구 이외의 일에는 흥미가 없어 연구실에 틀어박혀 지내는 괴팍한 성격이다. 평소에 에이카한테서 "외출 좀 해라", "사람 좀 만나라" 등의 말을 많이 듣는다.

**이가와 에이카**

후쿠의 선배로, 영업부 매니저. 후쿠에게 마음 든든한 선배다.

**마루야마 아마미**

후쿠의 조카. 똘똘한 초등학교 5학년 학생이다.

**요시다 다케루**

영업부 과장. 후쿠의 상사로, 열혈 영업맨이다.

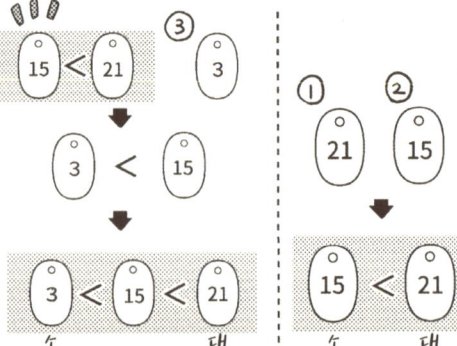

# 1

# 프로그래밍이란 뭘까?
Power Automate

```
for(i=0;i<chunkIds.length; i++){
    chunkId = chunkIds[i];
    if(installedChunks[chunkId]){
        callbacks.push.apply(callbacks, installedChunks[chunkId]);
    }
    instaliedChunks[chunkId] = 0;
}
```

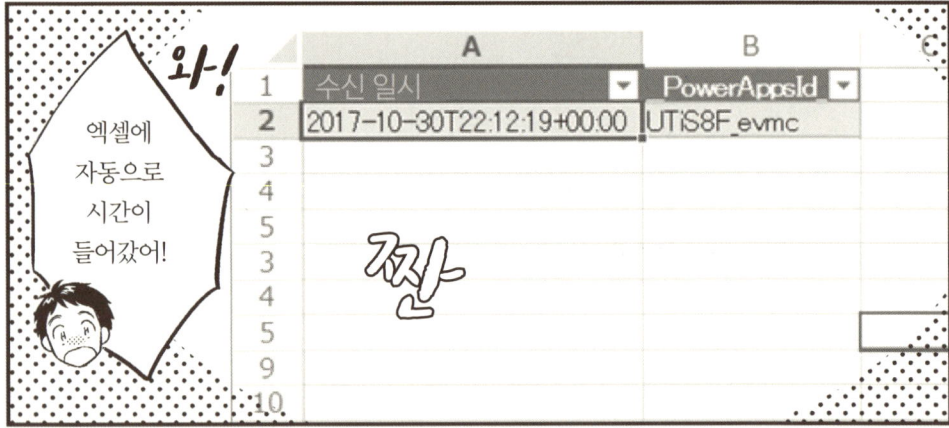

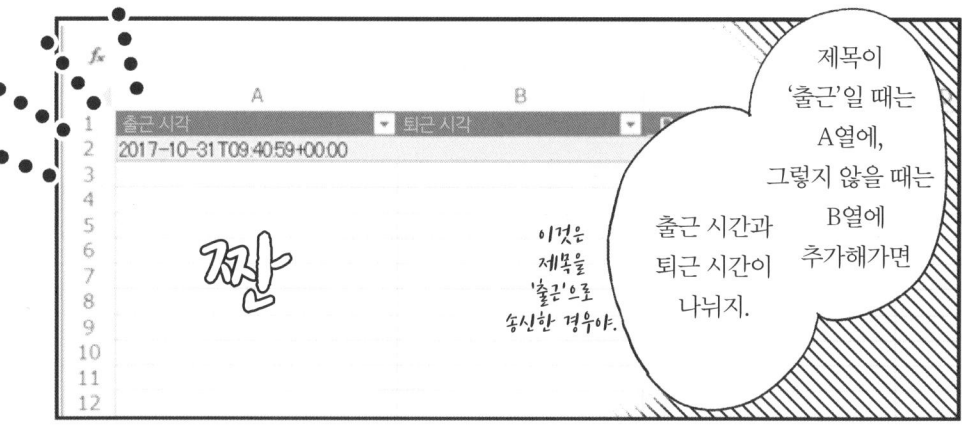

# 초보를 위한 프로그램

◇ 중요한 메일이 오면 알림 받기
◇ 메일 내용이나 첨부 파일을 자동으로 클라우드에 저장하기
◇ 인스타그램의 사진을 클라우드에 보관하기
◇ 페이스북이나 트위터의 투고를 엑셀로 저장하기
◇ 공유 클라우드에 파일이 추가되면 알림 받기
◇ 병가 메일을 버튼 하나로 보내 그날의 달력에 일정이 잡히지 않게 하기
◇ 작업을 시작할 때와 끝낼 때 스마트폰의 버튼을 탭하기만 하면 작업시간과 장소가 엑셀에 저장

기타 등등…

그렇지. 초보도 할 수 있는 게 많아.

※ 파워 오토메이트로 가능한 것의 일부이다.

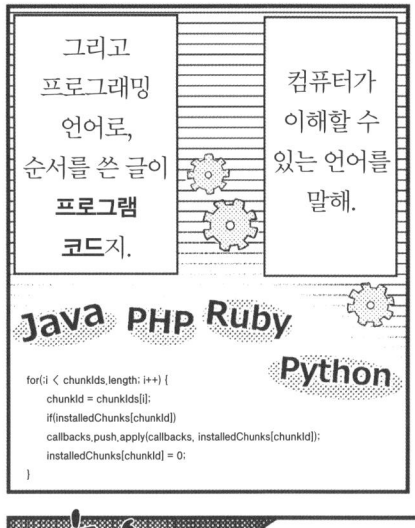

**CHECK POINT**

# 프로그래밍의 기본,
# '귀찮은 일은 컴퓨터에'

## 프로그래밍, 뭐가 편할까?

'프로그래밍을 공부하는 건 귀찮을 것 같아.' 그렇게 생각할지도 모릅니다. 그러나 사실은 완전히 반대입니다. 프로그래밍을 공부하면, 귀찮은 일은 모두 컴퓨터에 맡길 수 있지요.

예를 들면 앞의 만화에 이런 사례가 있었습니다.

- 좋아하는 사이트의 업데이트를 날마다 확인하는데, 업데이트되지 않은 적도 많아 귀찮다.
- 출퇴근 시각을 장부에 일일이 기록하기 귀찮다.

평소 업무나 일상생활에서 귀찮다고 느낀 일이 없나요? 그것을 프로그래밍이 해결해줍니다.

지금까지는 밤을 새워서 하던 집계 작업 같은 것도 아주 빨리, 실수 없이 할 수 있습니다.

그러면 조금 더 구체적으로 프로그램을 사용하여 생각해봅시다.

예를 들어, 다음과 같은 작업을 생각해봅니다.

○ 그림 **1**과 같이, 올해 1년 치 달력을 만들고 싶을 때.

**1** 올해 달력 만들기

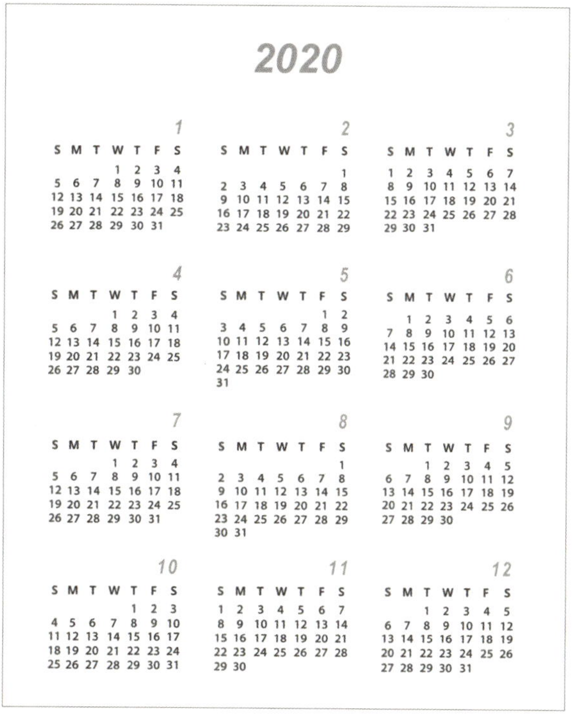

[2020년 달력 이미지]

이런 의뢰를 받으면 당신은 어떻게 하나요? 예를 들어 엑셀(Microsoft Excel) 등을 열어서, 실제로 달력을 보면서 날짜를 일일이 타이핑하거나, 인터넷에서 '달력' 등을 검색해서 사용할 수 있는 이미지를 찾을 수도 있겠지요.

그럼, "앞으로 10년 치 달력도 부탁해"라는 말을 들으면 어떻게 할까요? 만드는 것도, 찾는 것도 상당히 엄청난 일입니다.

이것을, 예를 들어 자바스크립트(JavaScript)라는 프로그래밍 언어로 기술하면, 그림 2와 같이 됩니다.

여기서 작성한 것을 '프로그램'이라고 합니다. 컴퓨터가 이것을 읽어 들이면, 그림 1과 같이 자동으로 1년 치 달력을 만들어줍니다. 이렇게 한번 프로그램을 만들어두면 내년이 되어도 최신 달력을 표시해줄 뿐만 아니라, 100년 치 달력이든 1000년 치 달력이든 얼마든지 만들어줍니다.

그림 2와 같은 작업에 익숙해지면 프로그램을 만드는 시간도 10분이면 충분합니다. 엑셀로 1년 치 달력을 만드는 것보다 힘은 덜 들면서 오래오래 계속 사용할 수 있습니다.

## 2 달력을 자바스크립트로 기술해보면

```javascript
function month_calendar(year, month) {
   var first = new Date(year, (month - 1), 1);
   var last = new Date(year, (month), 0).getDate();
   var weekday = first.getDay();
   var calendarData = [];
   document.write('<div><h3>' + year + '년' + month + '월</h3>');

   document.write('<table><tr>');
   for (var i=0; i<weekday; i++) {
     document.write('<td></td>');
   }
   for (var i = 1; i <= last; i++) {
      document.write('<td>' + i + '</td>');

      if(weekday >= 6) {
           document.write("</tr><tr>");
           weekday = 0;
      } else {
            weekday++;
      }
   }
   document.write('</tr></table></div>');
   return calendarData;
}

var now = new Date();
for (var i=1; i<=12; i++) {
   month_calendar(now.getFullYear(), i);
}
```

> **힌트!**
> 자바스크립트를 실제로 사용하는 방법에 대해서는 3장에서 설명합니다.

**CHECK POINT**

# 프로그램의 기본은 '○을 □한다'는 것

## 컴퓨터에게는 아주 친절하게 명령해야 한다

그럼 프로그래밍할 때 뭐부터 시작하면 좋을까요? 프로그래밍의 기본은 '무엇'을 '어떻게' 하라고 컴퓨터에 명령하는 것입니다. '문자'를 '표시'할 것인지, '숫자'를 '더할' 것인지, '이미지'를 '저장'할 것인지 등등 원하는 것을 컴퓨터에 명령하면, 그대로 움직입니다. 다만, '컴퓨터가 할 수 있는 일'이 그리 많지는 않습니다. 예를 들어 앞의 만화에서 다음과 같이 아무렇게나 늘어놓은 숫자를 후쿠가 정리했었지요.

8 5 2 6 9 7 1 4 10 3

이것을 숫자가 작은 순으로 배열하려면 어떻게 해야 할까요? '숫자를 순서대로 정렬하라'라고 명령할 수 있다면 간단하겠지만, 그렇지 않습니다. 컴퓨터는 작은 순서란 무엇인지, 정렬한다는 것은 어떤 작업인지를 모릅니다. 그래서 훨씬 세세하게 작업을 전달해야 합니다.

- ○ 최초의 숫자와 그다음 숫자를 비교하여
- ○ 만약 최초의 숫자가 크다면 바꿔 넣고

예를 들어 이렇게 컴퓨터에 전달해봅시다. 최초의 숫자(8)와, 다음 숫자(5)를 비교하면, 최초의 숫자가 크지요. 여기서 이것을 바꿔 넣어서 다음과 같이 합니다.
5 8 2 6…

### 1 정렬 바꾸기(1)

```
5 8 2 6 9 7 1 4 10 3
↓ ↻
5 2 8 6 9 7 1 4 10 3
↓   ↻
5 2 6 8 9 7 1 4 10 3
↓     ↻
5 2 6 8 7 9 1 4 10 3
↓
<중략>
↓
5 2 6 8 7 1 4 9 3 10
```

작은 순서가 되었지요. 이것을 반복해갑니다.

- 두 번째 숫자와 그다음 숫자를 비교하면
- 두 번째 숫자가 크다면 바꿔 넣고
- 세 번째 숫자와….

이런 식으로 전체를 반복하면 그림 1과 같이 됩니다.

## 2 정렬 바꾸기(2)

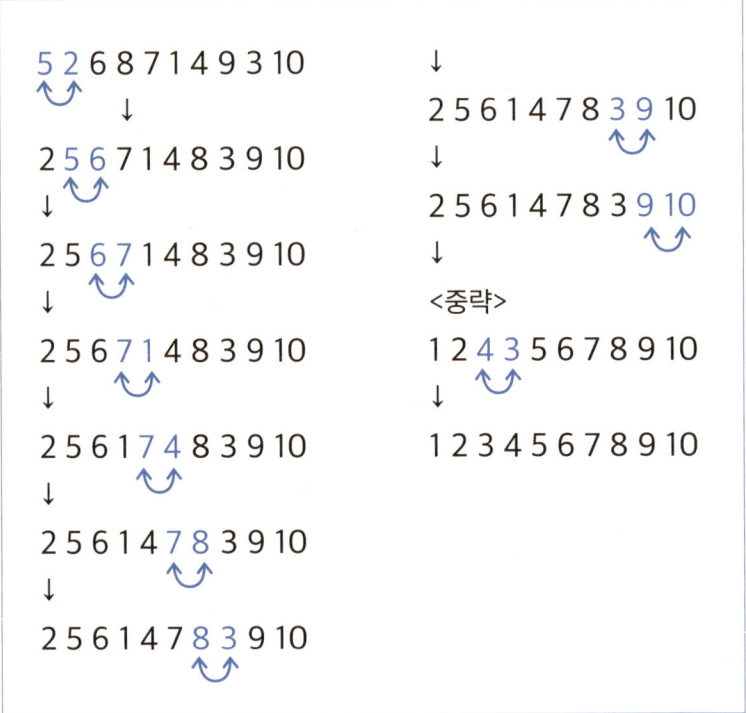

정렬 순서가 약간 달라졌습니다. 그러나 이 정도로는 작은 순서대로 정렬할 수 없습니다. 그래서 이것을 바꿔 넣을 수 없을 때까지 반복합니다.

그림 **2**와 같이 무사히 바꿔 넣었습니다. 이처럼, 단순히 '숫자를 정렬하는' 작업을 한다 해도 컴퓨터가 수행할 수 있는 작업으로 분해하고, <mark>하나하나 일일이 가르쳐주어야 한다</mark>는 것이 프로그래밍에서 어려운 부분입니다.

### 좀 더 효율이 높은 프로그램, 알고리즘

여기서 설명한 것과 같은 프로그램 만드는 법을 '<mark>알고리즘(해법)</mark>'이라고 합니다. 사실, 프로그래밍 언어를 배우고 다루는 것보다 훨씬 더 중요한 것은 알고리즘을 생각해내는 것입니다. 예를 들어 앞의 정렬 바꾸기 프로그램을 보면 약간 효율이 높지 않습니다. 다음과 같이 생각해보면 어떨까요?

- 첫 번째와 두 번째를 비교해서, 두 번째가 작으면 바꿔 넣는다.
- 두 번째와 세 번째를 비교해서, 세 번째가 작으면 바꿔 넣는다.
- 바꿔 넣은 후 다시 그 전(첫 번째) 것과 비교하여 같은 작업을 되풀이한다.

이처럼 하나의 숫자에 주목하면서 앞으로 앞으로 보내는 방법입니다(그림 **3**).

**3** 새로운 정렬

```
8 5 2 6 9 7 1 4 10 3
 ↶↓

5 8 2 6 9 7 1 4 10 3
  ↓

2 5 8 6 9 7 1 4 10 3
↓   ↶

2 5 6 8 9 7 1 4 10 3
↓     ↶↶

2 5 6 7 8 9 1 4 10 3
↶↶↶↶↓

1 2 5 6 7 8 9 4 10 3
↓ ↶↶↶↶

1 2 4 5 6 7 8 9 10 3
↓   ↶↶↶↶↶

1 2 3 4 5 6 7 8 9 10
```

앞의 방법과 비교하면 압도적으로 효율이 좋아집니다. 이처럼 단순히 '숫자를 배열'하는 작업이라 해도 수행하는 방법, 즉 프로그램의 내용에 따라 효율이 완전히 달라집니다. 이렇듯 효율이 좋은 알고리즘, 촘촘한 알고리즘을 생각하는 것이 프로그래밍에서 가장 어려운 부분입니다.

하지만 초보는 효율까지 생각하지 않아도 됩니다. 실패를 반복함으로써 제대로 이해하게 되지요.

## 프로그래밍의 정석을 알자

장기나 바둑을 두는 사람은 '정석(定石)'을 공부하는 일이 많습니다. 어떤 국면에서, 가치로 이어지기 쉬운 돌이나 포석을 두는 방법, 쉽게 지지 않는 최초의 전략을 모은 것이 정석입니다. 알고리즘에도 이런 정석이 있습니다. 예를 들어 앞에서 소개했던 '소트(정렬)'에는 다음과 같은 정석이 있습니다.

- 버블정렬(bubble sort)
- 선택정렬(selection sort)
- 합병정렬(merge sort)
- 퀵정렬(quick sort)

각각의 수법에 대해 흥미가 있으면 인터넷 등에서 조사해봅시다. 또한 '알고리즘 정석'이나 '알고리즘 패턴' 등으로 검색해보면, 다음과 같은 책도 나오는데 참조하면 됩니다.

《알고리즘 도감: 그림으로 공부하는 알고리즘 26》(제이펍)

## CHECK POINT

## 오토메이트 서비스로
## 프로그래밍 체험하기

**파워 오토메이트로 프로그램을 만든다**

자, 바로 프로그래밍 공부로 들어가고 싶지만, 프로그램 코드를 갑자기 배우는 것은 상당히 힘든 일입니다. 그러므로 프로그래밍을 체험할 수 있는 '오토메이트 서비스'를 사용해보면 좋습니다. 오토메이트 서비스란 인터넷상의 여러 가지 서비스를 연결하여 데이터를 송수신하거나 가공하면서 원하는 바를 이루게 해주는 것입니다. '이프트(IFTTT)'나 '자피어(Zapier)', '파워 오토메이트(Power Automate)' 등이 있습니다.

예를 들어 앞의 만화에서는 이런 오토메이트를 만들었습니다.

- 이메일이 도착하면 엑셀이 송신 일시를 기록해서 타임카드 대용으로 쓰고 싶다.

만화에서는 '아웃룩(Outlook)'이라는 이메일 서비스와 엑셀이라는 표 계산 서비스를 사용합니다. 이것을 오토메이트로 만들어봅니다.

우선, 웹브라우저에서 오토메이트 사이트에 접속합니다.

> 힌트!
> 웹브라우저에 대한 자세한 사항은 p.55에서 설명합니다.

https://flow.microsoft.com/ko-kr/

### 1 웹브라우저에서 오토메이트에 접속

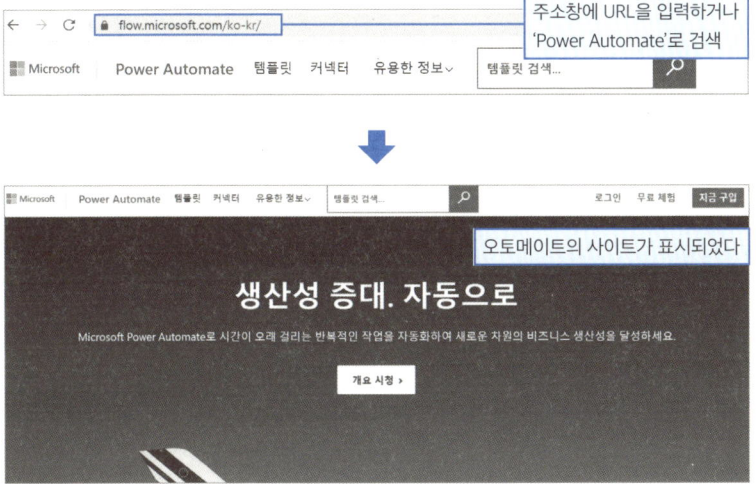

오토메이트를 이용하려면 <u>마이크로소프트 계정</u>이 필요하므로 계정이 없는 사람은 '등록 무료'를 선택하여 필요한 항목을 입력합니다. 그러면 'xxx@outlook.com' 형식의 메일 주소가 발행됩니다. 앞으로는 이 메일 주소를 사용하므로 기억해둡니다. Outlook.com의 서비스로 메일을 수신할 수 있다는 점도 확인해둡니다.

○ Outlook.com

https://outlook.live.com/owa/

다음으로, 타임카드를 기록할 엑셀을 준비합니다. 아래 사이트에 접속합니다.

○ Excel Online

https://office.live.com/start/

'새 빈 통합 문서'를 클릭하여 새로운 파일이 만들어지면 '삽입→테이블'을 선택합니다. 대화상자가 나타나면 '확인'을 클릭합니다(그림 2). 오토메이트에서 엑셀에 데이터를 삽입하려면 이 '테이블'이라는 영역이 필요합니다.

그리고 '파일→저장→이름 붙여 저장' 메뉴를 클릭합니다. 폴더 리스트가 표시되므로 '도큐멘트' 폴더 등에 '타임카드'라는 이름으로 저장합니다. 파일 내용은 변경하지 않아도 됩니다. 다시 오토메이트에 로그인을 하면, 그림 4와 같은 화면이 표시됩니다.

## 2 엑셀 온라인에서 새로운 통합 문서를 만들고, 테이블 작성하기

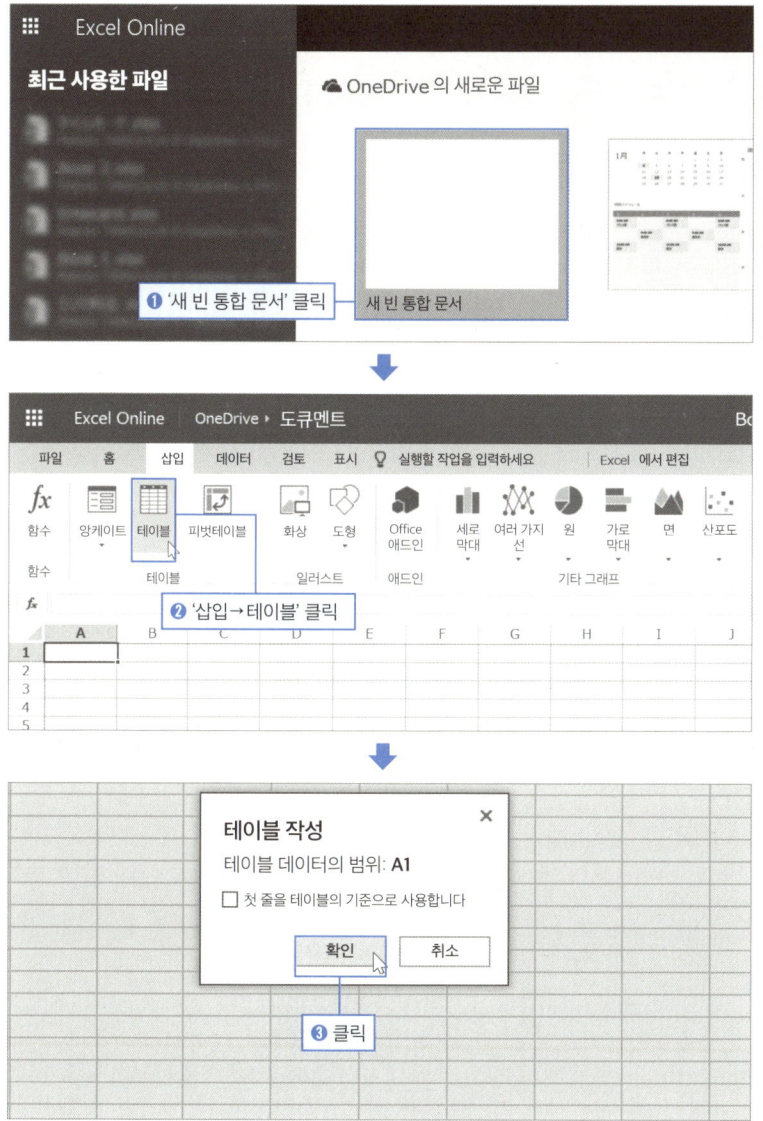

## 3 통합 문서 저장하기

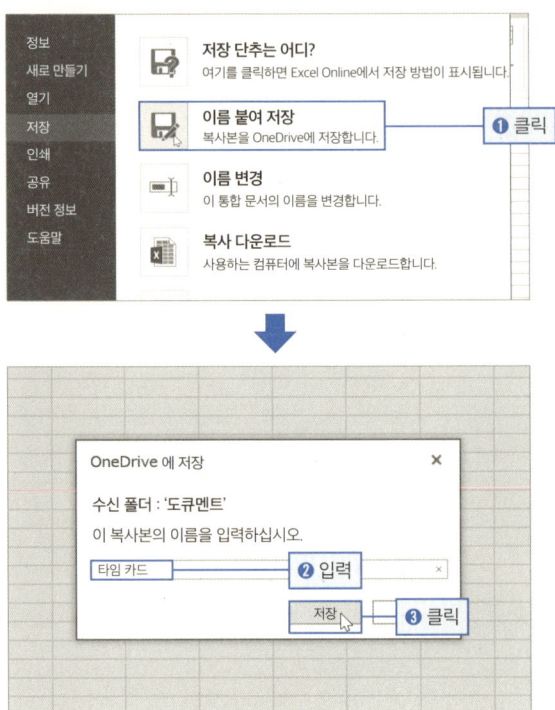

## 4 오토메이트에 로그인한다

먼저, 이메일을 받기 위해 아웃룩에 접속합니다. 화면 위쪽 검색 창에 'outlook'이라고 입력합니다. 그러면 '엑셀 스프레드 시트에서 Outlook.com 메일 파악하기'라는 템플릿이 나타납니다. 이것을 클릭하면 아웃룩과 엑셀에 접속할 수 있습니다.

### 5 아웃룩에 접속하기

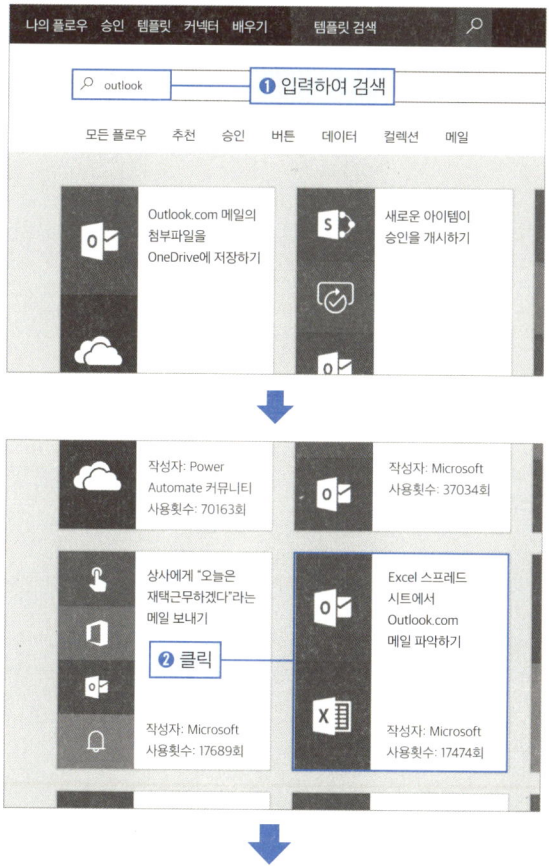

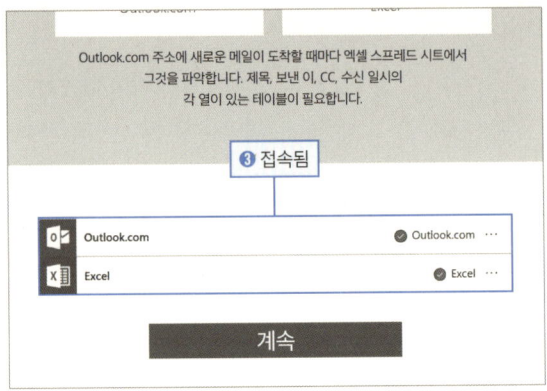

어느 쪽이든, 지금 로그인한 마이크로소프트 계정과 연동되어 있으므로 이미 그림 ⑥과 같이 접속 완료라는 체크 마크가 붙어 있겠지만, 다른 계정을 이용하고 싶을 때는 오른쪽 끝의 '…' 버튼을 클릭하여 접속합니다.

접속되면 '계속' 버튼을 클릭합니다.

다음으로, 각 서비스에서 조건을 설정합니다. 이번에는 아웃룩은 그대로 두고, 엑셀 쪽에 타임카드를 기록하는 파일명과 시트명을 지정합니다. '파일명' 오른쪽에 있는 폴더의 아이콘을 클릭하고, 앞서 작성한 '경로→도큐멘트→타임카드.xlsx'를 선택합니다. 이어서 '테이블명'에서는 앞서 작성한 '테이블1'을 선택합니다.

그러면 '열1'에 값을 지정할 수 있습니다. 여기서는 메일의 수신 일시를 지정합니다. 오른쪽의 리스트에서 '수신 일시'를 선택합니다.

그다음에 '저장' 버튼을 클릭하면 완성됩니다. '메일을 받으면, 엑셀에 수신 일시를 기록한다'라는 '프로그램'이 완성되었습니다.

## 6 접속을 확인한다

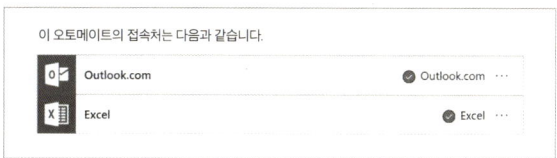

## 7 기록할 파일과 시트 지정하기

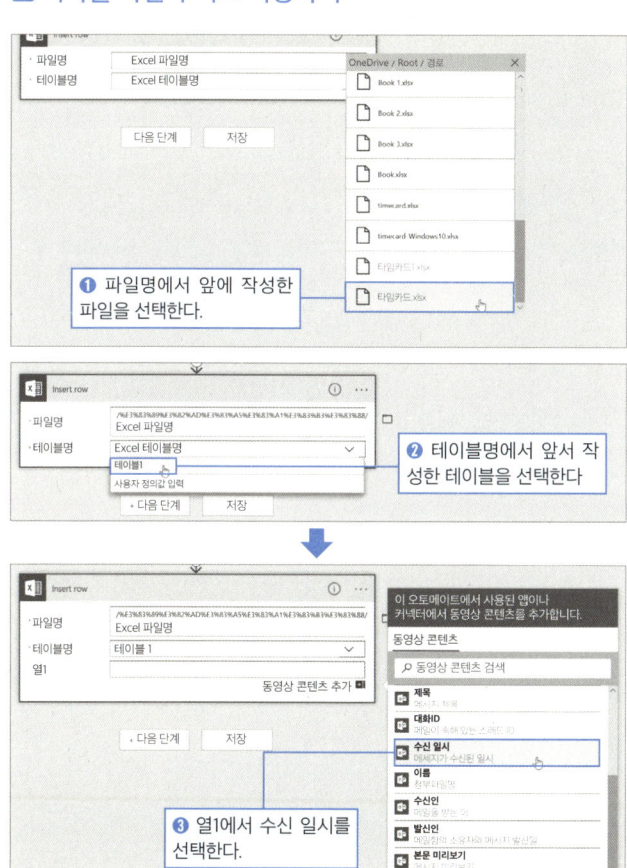

❶ 파일명에서 앞에 작성한 파일을 선택한다.

❷ 테이블명에서 앞서 작성한 테이블을 선택한다

❸ 열1에서 수신 일시를 선택한다.

1 프로그래밍이란 뭘까? - Power Automate ◀ 053

### 동작을 확인해보자

평소 사용하는 메일 주소에서 이번에 만든 Outlook.com의 메일 주소로 메일을 보내보세요. 이때, 엑셀 파일을 웹브라우저에서 열면 파일 락에 의해 실패할 수 있으므로 닫아두는 것이 좋습니다.

오토메이트는 15분에 1회 실행되므로 최대 15분 정도 기다린 다음 오토메이트를 확인해봅니다. 실행 결과가 'Succeeded(성공)'라고 표시됩니다. 엑셀을 열어보면 수신 일시가 기록되어 있는 것을 확인할 수 있습니다. 실패했다면 로그 등을 확인하면서 원인을 찾아봅니다.

8 성공한 경우의 표시

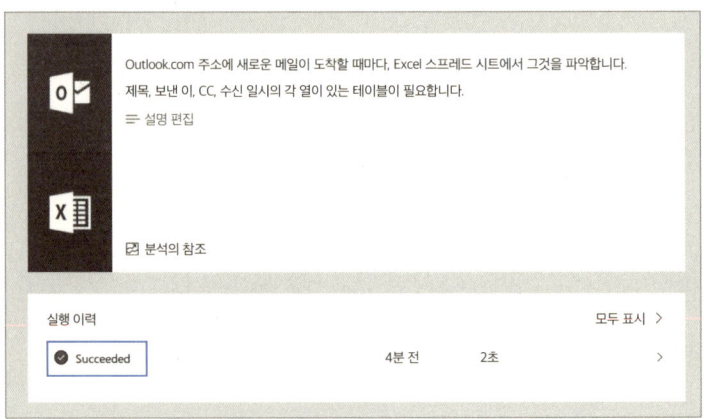

## 웹브라우저는 어떤 것을 사용할까?

웹 개발이나 프로그래밍을 전문적으로 수행하는 사람들 사이에서는 Google Chrome이라는 웹브라우저를 사용하는 것이 일반적이지만, 이 책의 내용을 시험해보는 정도라면 컴퓨터에서 실행되고 있는 웹브라우저를 사용하면 됩니다.

● 윈도우 7/10

윈도우(Windows)에는, 인터넷 익스플로러(Internet Explorer, 이하 IE)라는 브라우저가 설치되어 있습니다. 윈도우 7/10에서는, 화면 왼쪽 아래의 윈도우 시작 버튼에서 '모든 프로그램(모든 앱) → Internet Explorer'를 클릭하여 실행합니다.

● 윈도우 8/8.1

윈도우 8/8.1에서는, 데스크톱에서 실행하는 IE와 시작 화면에서 실행하는 IE가 있는데, 이 책의 내용을 시험할 때는 데스크톱 버전을 사용하세요. 시작 화면이 표시된 경우에는 화면 왼쪽 아래로 마우스를 이동시키면 '데스크톱' 아이콘이 표시되므로 ❶, 클릭하여 데스크톱으로 이동합니다. 데스크톱의 작업표시줄(Dock)에 있는 IE 아이콘 ❷를 클릭하여 실행합니다.

● 윈도우에 문제가 생겼을 때

윈도우에 html 파일을 드래그 앤 드롭(Drag-and-drop, 끌어서 놓기)하는 경우 글자가 깨질 때는 메뉴에서 '표시 → 인코드 → Unicode (UTF-8)'를 선택합니다. 또한, ❸과 같은 경고가 나오면 '차단된 콘텐츠 허용'을 클릭합니다.

● 맥(mac) OS

맥 OS에는 사파리(Safari)라는 브라우저가 설치되어 있습니다. 사파리를 실행하려면 화면 아래에 정렬되어 있는 작업표시줄에서 사파리 아이콘 ❹를 클릭합니다.

**CHECK POINT**

# 사이트 업데이트 정보 알림 만들기

## 오토메이트로 다른 프로그램도 만들어보자

오토메이트를 사용하여 또 하나의 프로그램을 작성해보세요. 만화에 나온 '마음에 드는 사이트가 업데이트되었는지를 확인하고 싶다'는 희망을 이루어주는 오토메이트를 작성해봅니다. 힌트는, 'RSS'와 '메일'의 조합입니다. RSS란 웹사이트가 업데이트될 때 알림을 보내주는 구조로, 뉴스 사이트 등에서 많이 이용합니다. 만약 발행하고 있는 사이트에서 좋은 것이 없다면 야후!뉴스의 RSS를 이용해보세요.

○ 야후!뉴스(주요)의 RSS

https://news.yahoo.co.jp/pickup/rss.xml

정답은 'RSS 피드 아이템이 발행될 때 아웃룩 메일을 송신한다'는 오토메이트 템플릿이 있으므로 여기에 RSS의 URL과 자신의 메일 주소를 설정하면 됩니다. 사이트가 업데이트되면 이메일이 도착합니다.

그 밖에도 오토메이트는 만화에도 소개했듯이 퇴근 시각을 기록하거나, 심지어 엑셀에 기록한 다음에 누군가에게 알림을 보내는 등, 연구해보면 다양한 '오토메이트'를 만들 수 있습니다. 흥미가 있다면 여러 가지 서비스를 연동하여 즐겨보세요.

### 1 RSS를 수신하는 조합

**CHECK POINT**

# 프로그래밍은 발상이 중요!

### 주변에서 소재를 찾아보자

프로그래밍을 학습할 때 빠지기 쉬운 함정은 '공부는 해보고 싶은데 뭘 하면 좋을지 모르겠다'라는 것입니다. 기껏 프로그래밍을 배워도 그것을 실용적으로 활용하지 못하여 결국 공부했던 것도 잊어버리는 악순환에 빠집니다.

비유하자면 '아무튼 영어를 잘하고 싶다'라는 막연한 생각으로 영어 회화를 배우는 것과 같습니다.

'외국인과 대화하고 싶다', '영어로 일기를 쓰고 싶다' 등 구체적인 목표가 없으면 실질적으로 활용하는 경우가 적어 기껏 배운 것을 써먹을 수 없습니다.

프로그래밍을 학습할 때는 반드시 '지금 내가 불편함을 느끼는 일', '보다 편리해질 수 있는 아이디어'를 머릿속에 그리면서 학습하는 것이 좋습니다. 처음에는 생각한 대로 만들어지지 않아 속상하겠지만 문제점이 분명해지고 '다음에 무엇을 배우면 좋을까'를 알기 쉬워집니다. 반드시 주변의 사례에서 프로그래밍 소재를 찾아보세요.

# 2

# 블록을 연결하면 완성!
# 게임 같은 프로그래밍
## Scratch

▶STEP: 2

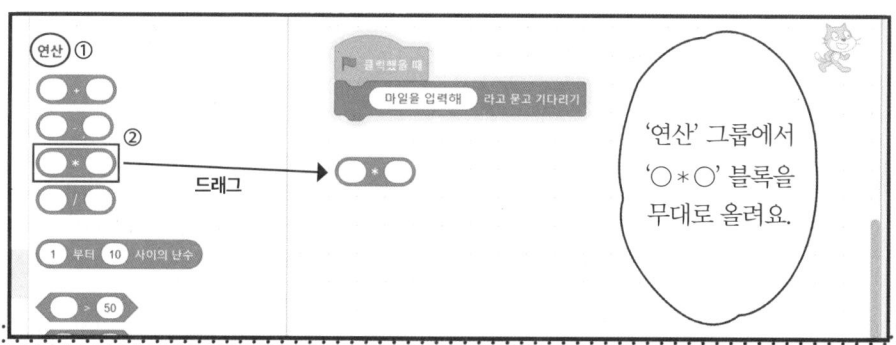

# CHECK POINT
## 비주얼 프로그래밍을 사용한 어린이용 프로그래밍 교재

**영어를 사용하지 않고 프로그래밍할 수 있는 툴**

지난 몇 년간 어린이용 프로그래밍 교육 열풍이 불고 있습니다. 그 계기가 된 것이 '스크래치(Scratch)'라는 툴입니다.

프로그래밍은 알고리즘(1장 참조)을 생각해냈다 하더라도, 그것을 컴퓨터에 전달하려면 프로그래밍 언어로 기술해야 합니다. 예를 들면, 1장에서 소개했던 프로그램 코드는 그림 **1**과 같습니다.

이 프로그램은 중학생 이상이라면, 간단한 영단어의 조합이므로 조금이라도 의미를 이해할 수 있습니다. 그러나 초등학생이 되기 전의 아이들, 특히 영어권에서 생활하지 않는 어린이에게는 어려운 문제입니다. 더욱이 컴퓨터의 키보드 배열이 독특하다는 점 등도 프로그래밍을 어렵게 느끼게 했습니다.

## 1 1장에서 나온 프로그램(일부)

```
document.write('<table><tr>');
for (var i=0; i<weekday; i++) {
   document.write('<td><td>');
}
for (var i = 1; I <= last; i++) {
   document.write('<td>' + I + '</td>');

   if(weekday >= 6) {
      document.write("</tr><tr>");
      weekday = 0;
   } else {
      weekday++;
   }
}
```

## 2 스크래치

 그러던 차에 언어를 사용하지 않고 블록 모양 등으로 프로그래밍을 배울 수 있는 '비주얼 프로그래밍(또는 그래피컬 프로그래밍)'이라는 툴이 등장했습니다.

 그중에서도 스크래치는 마우스 조작이나 태블릿의 터치 조작만으로 프로그램을 만들 수 있을 뿐만 아니라 바로 즐길 수 있는 그래픽 소재도 있고, 만든 작품을 간단히 공유할 수 있게 구성되어 있습니다. 그런 장점 덕분에 전 세계 아이들이 프로그래밍을 배우는 계기가 되었습니다.

## 3 그 밖의 비주얼 프로그래밍 툴

프로그래밍 http://www.mext.go.jp/programing/

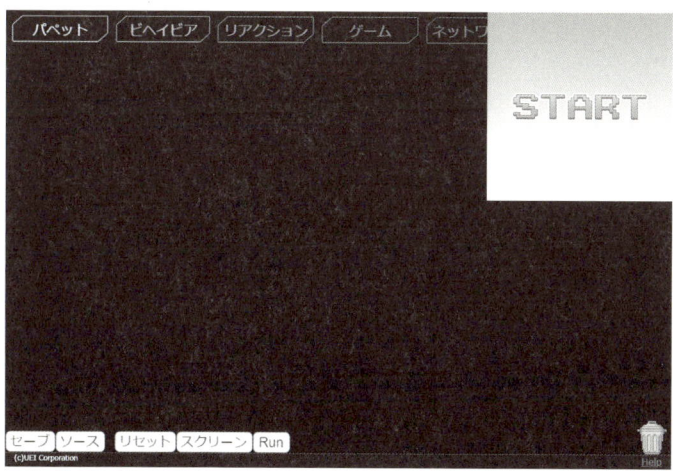

문블록 http://www.moonblock.jp/

**CHECK POINT**

# 로봇과 연계하여 더욱 직관적인 프로그래밍 학습

## 로봇과 함께하는 즐거운 학습교재 등장

현재 어린이용 프로그래밍 교육에서 로봇이나 소형 컴퓨터를 이용하는 일이 많아졌습니다. 예를 들어 스크래치의 경우, 화면상의 캐릭터를 움직여서 노는 일이 가능하지만, 화면만 쳐다보면서 움직임을 생각하는 것보다 실제로 거기에 놓여 있는 로봇을 앞뒤로 움직여봄으로써 좀 더 쉽게 움직임을 생각할 수 있고 만들어낸 결과를 수월하게 검증할 수 있기 때문입니다.

비주얼 프로그래밍도 외부의 하드웨어와 연계하는 기능을 탑재한 것이 많으며, 스크래치도 레고 사(社)의 전자 블록인 '레고 위 두(LEGO We Do)'나, 소형 컴퓨터인 '피코보드(PicoBoard)' 등을 제어하는 프로그램을 작성할 수 있습니다.

참고로, 소형 컴퓨터란 스위치나 광센서 등으로 프로그램을 작동할 수 있으며, 소리를 내거나 램프를 빛나게 할 수 있는 작은 컴퓨터를 말합니다.

## 1 로봇이나 소형 컴퓨터와 연계한 툴

레고 위 두 https://education.lego.com/ko-kr

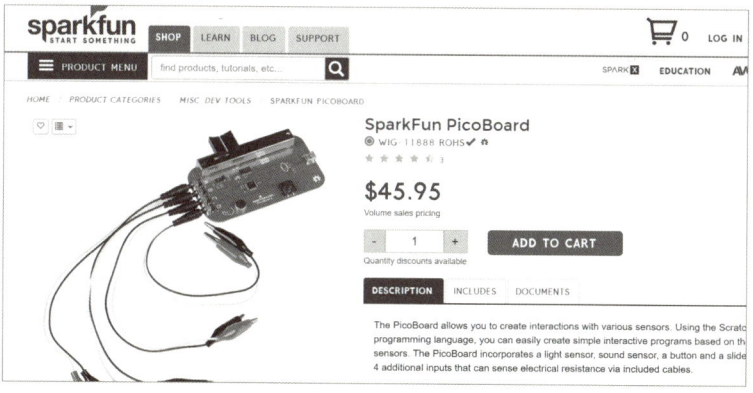

피코보드(판매 페이지 https://www.sparkfun.com/products/)

**CHECK POINT**

# 스크래치를
# 시작해보자

 스크래치는 어린이용으로 만들어졌지만, 본격적인 프로그래밍도 체험할 수 있으므로 어른도 충분히 즐길 수 있는 툴입니다. 어린이용 같아서 시시해 보일지 모르지만, 이번 기회에 한 번 알아두면 좋습니다.

### 스크래치 사이트에 접속한다

 스크래치 편집은 스크래치 홈페이지에서 직접 할 수 있고, 편집툴을 다운로드 받아서 사용하는 것도 가능하다.
 먼저, 아래의 URL을 인터넷 주소창에 입력하여 스크래치 사이트에 접속합니다.
 https://scratch.mit.edu/download
 또는 검색 사이트에서 'Scratch'라고 입력하여, 검색 결과로 나온 사이트에 접속합니다. 그러면 그림 **1**과 같은 화면이 표시됩니다.

### **1** 스크래치 웹사이트를 검색한다

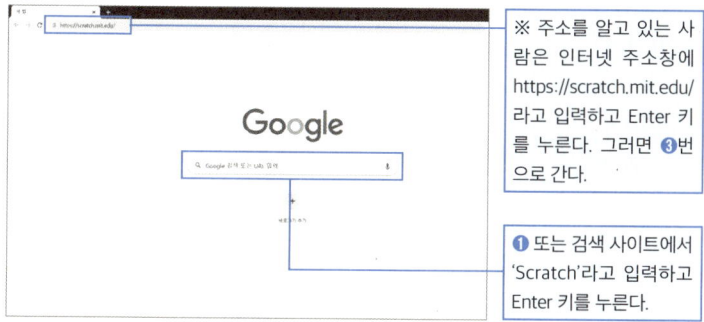

※ 주소를 알고 있는 사람은 인터넷 주소창에 https://scratch.mit.edu/ 라고 입력하고 Enter 키를 누른다. 그러면 ❸번으로 간다.

❶ 또는 검색 사이트에서 'Scratch'라고 입력하고 Enter 키를 누른다.

❷ 'Scratch-Imagine, Program, Share'를 클릭한다.

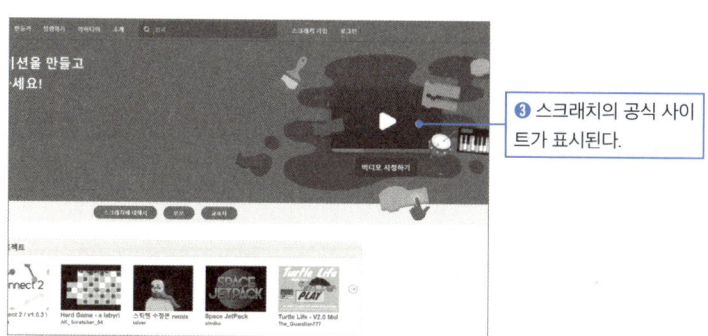

❸ 스크래치의 공식 사이트가 표시된다.

### 스크래치를 실행한다

화면 왼쪽 위의 메뉴에서 '만들기'를 클릭해봅니다. 그러면 새로운 프로젝트가 만들어져서 그림 2의 2번과 같은 화면이 나옵니다.

스크래치 화면은 5개 영역으로 구성되어 있으며, 다음과 같은 이름이 붙여져 있습니다. 왼쪽 위부터 시계 방향으로 무대, 블록 영역, 스크립트 영역, 개인 저장소, 스프라이트 목록입니다.

왼쪽 위의 무대를 보면 고양이 캐릭터가 표시되어 있습니다. 이것은 스크래치의 공식 캐릭터인 스크래치 고양이입니다. 현재, 이 스크래치 고양이가 선택된 상태입니다.

스크래치에는 블록 영역에 여러 가지 블록이 마련되어 있으며, 이것을 스크립트 영역에 드래그 앤 드롭하여 사용합니다. 블록은 여러 종류가 있으며, 이것을 결합하여 프로그램을 만들어가지요.

> **힌트!**
> 개인 저장소는 스크래치의 계정을 만들면(p.91) 표시됩니다.

### 2 스크래치 웹사이트에 접속한다

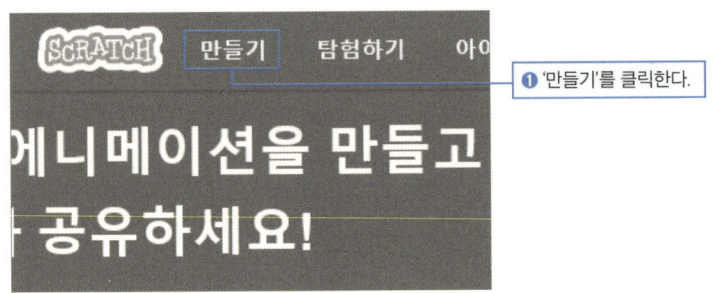

❶ '만들기'를 클릭한다.

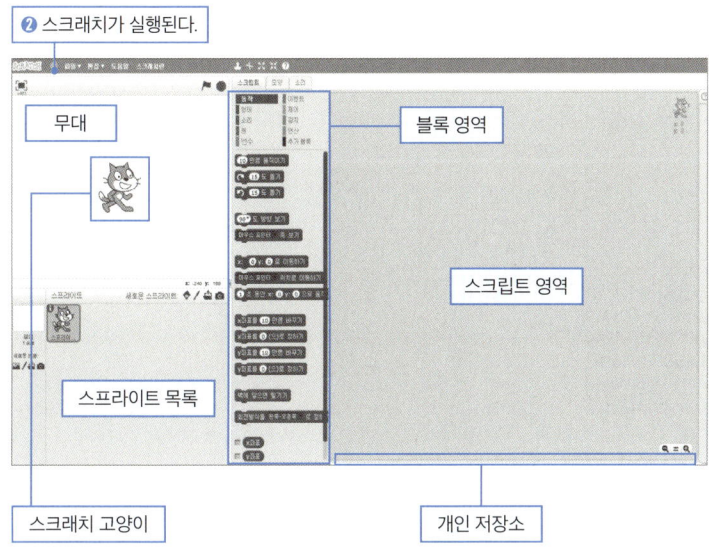

## 블록을 결합하자

화면 한가운데 있는 것이 '블록 영역'입니다. 여기에는 수많은 블록이 배열되어 있습니다. 위쪽에 있는 그룹을 클릭해보면 그 밖에도 다양한 블록이 있음을 알 수 있습니다.

여기서 블록을 선택하여 마우스로 오른쪽의 '스크립트 영역'으로 이동시키면, 블록을 배치할 수 있습니다. 또한 다른 블록을 지금 배치한 블록에 가까이하면 하얀 선이 나오는데, 이것은 안내선(guide line)으로 블록들을 상호 연결할 수 있다는 것을 알려줍니다.

여기에 마우스를 놓으면 블록이 결합합니다. 이것이 프로그래밍을 실행하고 있는 상태입니다. 여기서는 '10만큼 움직이기' 그리고 그다음에 오른쪽으로 '15도 돌기'라는 명령을 차례로 실행하고 있습니다.

## 3 블록 영역

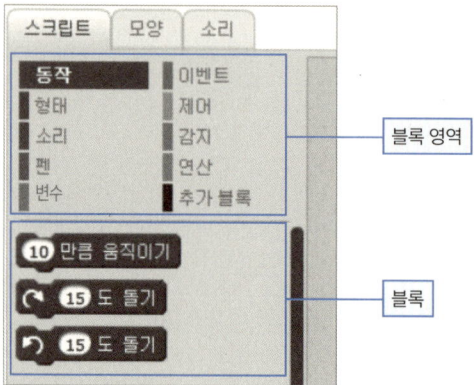

## 4 블록을 결합한다

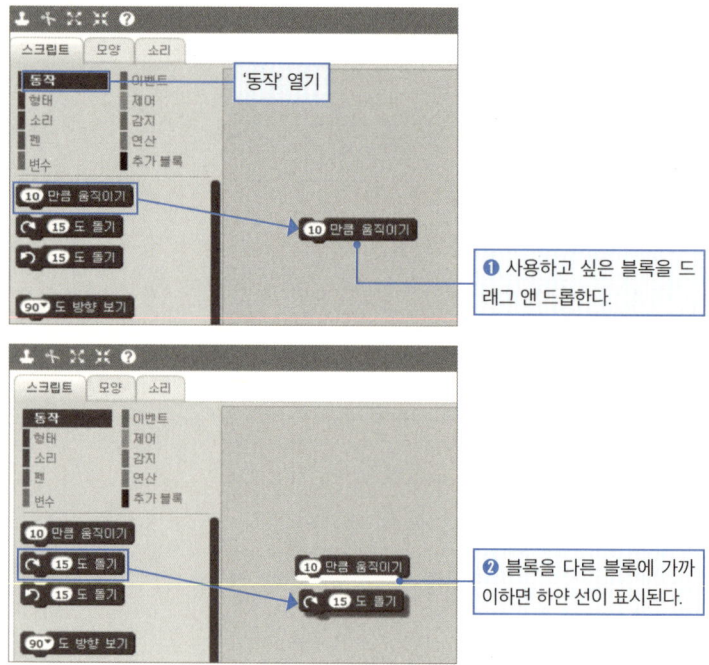

❶ 사용하고 싶은 블록을 드래그 앤 드롭한다.

❷ 블록을 다른 블록에 가까이하면 하얀 선이 표시된다.

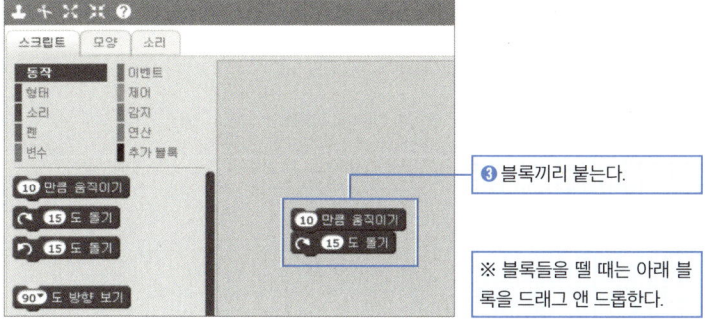

❸ 블록끼리 붙는다.

※ 블록들을 뗄 때는 아래 블록을 드래그 앤 드롭한다.

## 동작을 시켜보자

이 상태에서 스크립트 영역의 블록을 클릭하면, 실제로 스크래치 고양이가 약간 오른쪽으로 움직이고, 약간 회전합니다.

또한, 블록 영역 위의 블록을 직접 클릭함으로써 실제의 동작을 확인할 수 있습니다. 화살표가 반대로 되어 있는 15도 돌기 블록을 클릭해 보세요. 스크래치 고양이의 동작이 원래로 돌아오는 것을 알 수 있습니다.

이런 식으로 프로그램을 만들어 갑니다.

> **힌트!**
> p.66에서 아마미가 설명했듯이, '이벤트' 그룹의 '깃발이 클릭될 때' 블록을 맨 위에 붙이면, 무대 오른쪽 위의 깃발 아이콘(🏳)을 클릭함으로써 블록을 움직일 수 있습니다.

> **힌트!**
> 작성한 프로젝트를 저장하려면 스크래치 계정이 필요합니다. 계정을 만들려면 화면 오른쪽 위의 'Join Scratch'를 클릭하고, 화면의 안내에 따라 진행합니다. 계정을 만들면 화면 왼쪽 위의 '파일' 메뉴에서 '지금 저장'을 선택할 수 있습니다. 무대 영역의 위쪽에 있는 영역(초기 상태에서는 'Untitled'라는 문자가 표시되어 있습니다)에 적절한 프로젝트 이름을 붙여두면 좋습니다.

## 5 실제로 동작을 시켜보자

❶ 블록을 클릭한다.

❷ 스크래치 고양이가 움직인다.

❸ 왼쪽 회전의 15도 돌기를 클릭한다.

❹ 스크래치 고양이가 왼쪽으로 돈다.

**CHECK POINT**

# 대화하는
# 프로그램 만들기

## 스크래치 고양이에게 질문하게 하자

이제 앞에서 작성한 프로그램은 일단 삭제합니다. 화면 맨 위에 있는 삭제 버튼(✂)을 클릭하고, 지금 추가한 블록을 클릭합니다. 그러면 블록이 삭제됩니다. 또는 블록을 오른쪽 클릭하여 삭제를 선택해도 블록을 없앨 수 있습니다.

> **힌트!**
> 조작을 취소하고 싶을 때는 화면 왼쪽 위의 메뉴에서 '편집→○○ 취소'를 선택합니다.

다시 블록 영역에서 '감지' 그룹을 클릭하여 'What's your name?'이라고 묻고 기다리기'라는 블록을 스크립트 영역으로 이동합니다. 블록을 클릭하면, 스크래치 고양이가 'What's your name?'이라고 묻습니다.

> **힌트!**
> 삭제 버튼을 해제하고 싶을 때는 스크립트 영역의 아무 데나 클릭합니다.

## 1 앞의 순서대로 배치한 블록을 삭제한다

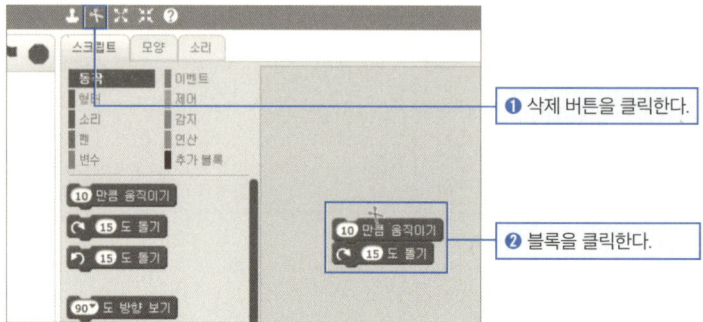

❶ 삭제 버튼을 클릭한다.

❷ 블록을 클릭한다.

## 2 질문하기 위한 블록을 배치한다

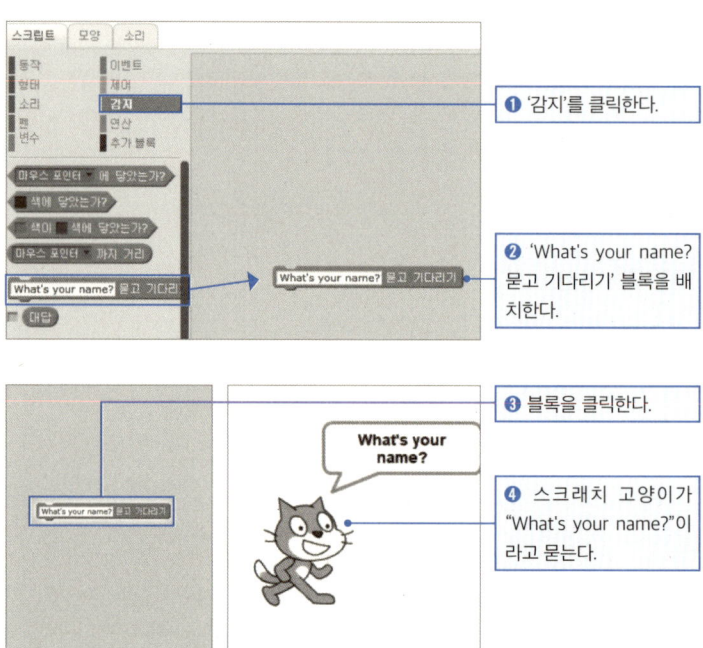

❶ '감지'를 클릭한다.

❷ 'What's your name? 묻고 기다리기' 블록을 배치한다.

❸ 블록을 클릭한다.

❹ 스크래치 고양이가 "What's your name?"이라고 묻는다.

무대 맨 아래쪽에 입력란이 표시되어 있으며, 키보드에 문자나 숫자를 쳐서 입력하면 입력란에 문자가 표시됨을 알 수 있습니다. 입력이 끝나면 오른쪽의 송신 버튼을 클릭합니다. 지금 단계에서는 딱히 송신 문자가 화면에 표시되거나 하지는 않습니다.

### 질문을 바꿔보자

질문 내용은 자유롭게 변경할 수 있습니다. 블록 안의 텍스트 부분을 클릭하고, 키보드를 사용하여 내용을 변경합니다. 여기서는 '나이는?' 이라고 입력합니다.

이렇게 해서 블록을 클릭하여 프로그램을 움직이면, 스크래치 고양이가 나이를 묻습니다. 적당한 숫자를 입력하고, 보내기 버튼을 클릭합니다.

> **힌트!**
> 만약 프로그램의 실행을 중지하고 싶다면 무대 영역 오른쪽 위의 팔각형 버튼(●)을 클릭합니다.

## 3 대답을 입력하고 보낸다

❶ 대답을 입력한다.

❷ 보내기 버튼을 클릭한다.

## 4 블록의 텍스트를 바꿔 쓴다

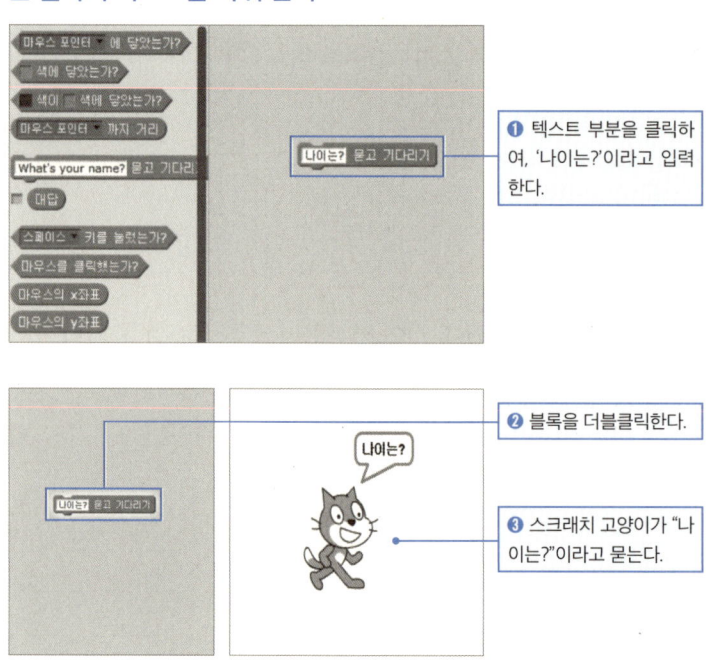

❶ 텍스트 부분을 클릭하여, '나이는?'이라고 입력한다.

❷ 블록을 더블클릭한다.

❸ 스크래치 고양이가 "나이는?"이라고 묻는다.

# CHECK POINT

## 변수 사용하기

### 변수를 만들자

그런데 **대답란에 입력한 숫자**는 어디로 가버린 걸까요? 사실은 블록 영역 안에 있는 **대답**이라는 블록에 기억되어 있습니다. 이것을 클릭하면, 현재 기억된 내용이 팝업됩니다. 또한 옆에 있는 **체크박스**를 확인하면, 무대에 '대답' 항목이 표시되어 현재의 값을 확인할 수 있습니다.

다만, 이 블록의 내용은 새로운 대답이 입력되면 변하기 때문에 다른 장소에 기억해둘 필요가 있습니다. '변수' 그룹을 클릭하여 '변수 만들기' 버튼을 클릭합니다.

'변수 이름' 부분에 '나이'라고 입력하고 '확인' 버튼을 클릭합니다. 그러면 블록 영역이 그림 ❷의 ❸과 같이 변합니다.

## 1 대답 블록의 내용을 표시한다

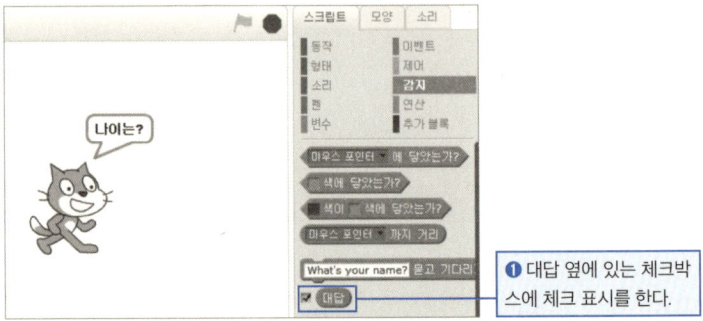

❶ 대답 옆에 있는 체크박스에 체크 표시를 한다.

❷ 대답이 무대 왼쪽 위에 표시된다.

## 2 변수를 준비한다

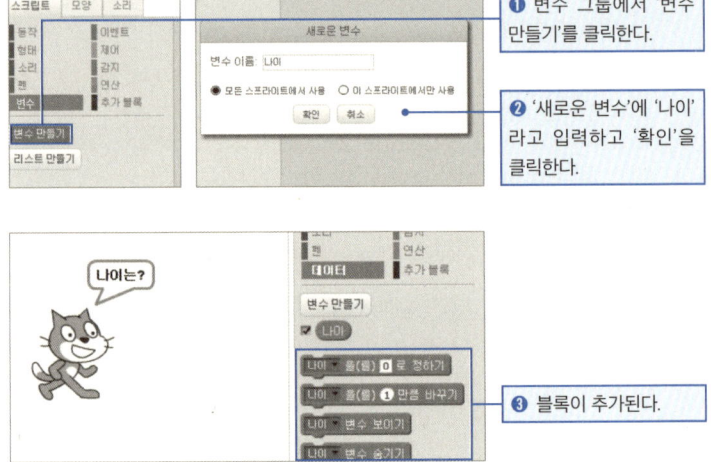

❶ 변수 그룹에서 '변수 만들기'를 클릭한다.

❷ '새로운 변수'에 '나이'라고 입력하고 '확인'을 클릭한다.

❸ 블록이 추가된다.

## 변수에 값이 기억되게 하자

변수는 'named storage'로 값(데이터)을 담아두는 저장소입니다. 스크래치뿐만 아니라 프로그래밍 언어에는 반드시 사용하는 중요한 것 중의 하나입니다.

추가된 블록 중에서 '나이를 0으로 하기'라는 블록을, 앞의 블록과 결합합니다. 그리고 '0'이라는 부분에 '감지' 그룹의 '대답' 블록을 끼워 넣습니다.

이렇게 하면 입력한 내용이 나이라는 변수에 기억되어 사라지지 않습니다.

이어서, 질문을 하나 더 합니다. 블록 영역에서 질문 블록을 추가해도 되지만, 이미 스크립트 영역에 있는 블록을 복사하는 것이 편리합니다. 화면 위쪽의 도장 버튼(📋)을 클릭하여 블록을 클릭하면 복사가 됩니다. 또는 블록을 오른쪽 클릭하여 복사합니다.

### 3 '나이' 변수에 '대답'을 기억시킨다

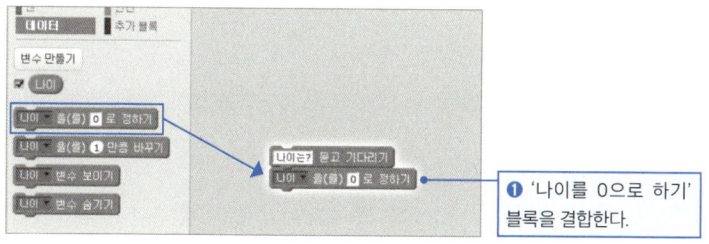

❶ '나이를 0으로 하기' 블록을 결합한다.

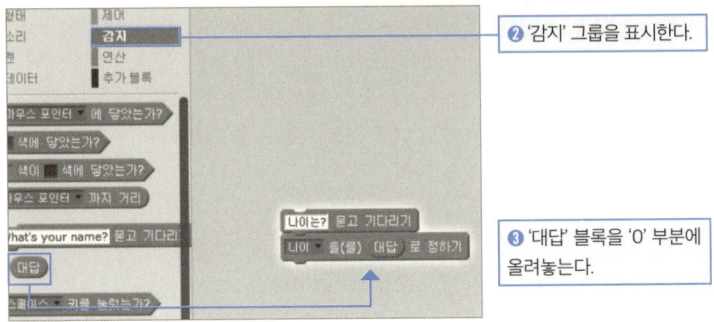

## 4 블록을 복사하기

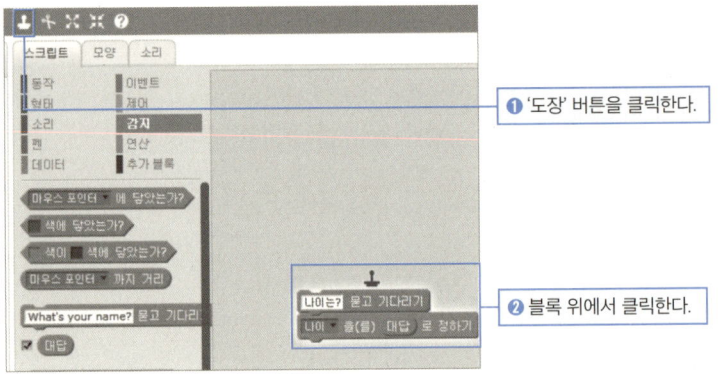

복사한 블록을 드래그 앤 드롭하여 이미 있는 블록 아래에 결합하여 그림 5의 1처럼 만듭니다.

다음으로, 질문 내용을 '현재의 급여는?'이라고 합니다. 그런 다음 '변수' 그룹의 '변수 만들기' 버튼을 다시 한 번 클릭하여 '급여'라는 변수를 만듭니다.

그리고 '나이를 대답으로 하기' 블록의 '나이' 부분을 클릭하면, 풀다운(pull-down)으로 선택지가 표시되어 '급여'를 선택할 수 있습니다. 여기서 급여를 선택합니다.

이리하여 나이와 급여를 질문하고 각각을 변수로 기억하는 프로그램이 완성되었습니다.

이처럼 변수에 값을 기억함으로써, 그 값을 사용하여 계산 등을 할 수 있습니다. 다음 장부터는 계산하기 위한 프로그램을 만들어봅시다.

> **힌트!**
> 여러 개의 블록이 결합된 상태에서 드래그 앤 드롭한 블록보다 아래쪽에 있는 블록은 함께 붙어 다닙니다. 만약 하나의 블록만을 조작하고 싶다면 아래쪽 블록을 떼어냅니다.

### 5 질문을 바꾼다

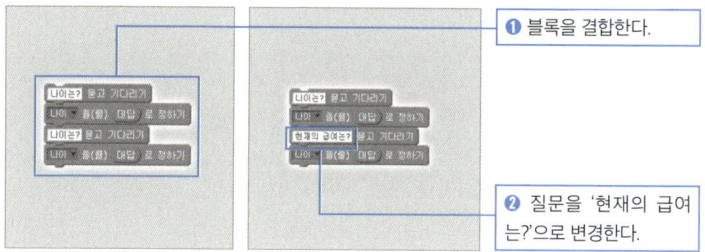

❶ 블록을 결합한다.

❷ 질문을 '현재의 급여는?'으로 변경한다.

## 6 '급여' 변수를 만든다

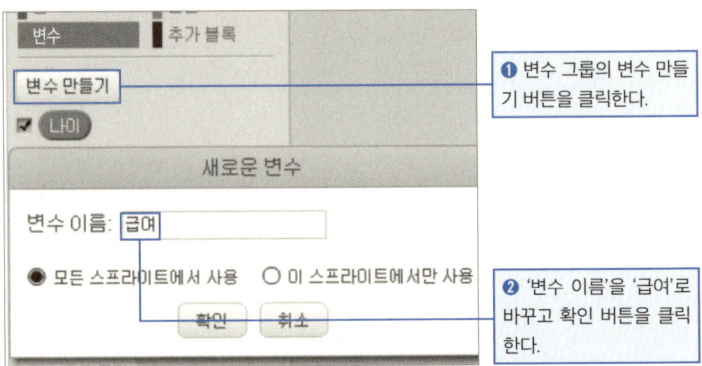

❶ 변수 그룹의 변수 만들기 버튼을 클릭한다.

❷ '변수 이름'을 '급여'로 바꾸고 확인 버튼을 클릭한다.

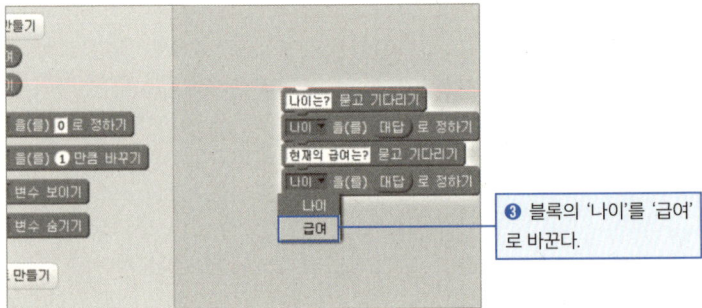

❸ 블록의 '나이'를 '급여'로 바꾼다.

**CHECK POINT**

# 계산하게 하기

### 계산식의 블록을 만든다

그럼, 여기까지 준비한 변수를 사용하여 평생 연봉을 계산하는 프로그램을 작성해보세요. 먼저 '형태' 그룹에서 'Hello!라고 말하기' 블록을 맨 마지막에 결합합니다. 이어서 '연산' 그룹에서 '○*○'라는 블록을 'Hello!' 부분에 올립니다.

참고로 '*(별표, 아스타리스크)'라는 기호는 곱셈을 뜻합니다. 프로그래밍에서는 곱셈을 *로, 나눗셈을 /(슬래시)로 나타냅니다.

다음으로, 왼쪽의 ○에 변수 그룹에서 '급여'라는 변수 블록을 올립니다. ○의 약간 오른쪽에서 끼워 넣듯이 올리면 쉽게 됩니다. 이렇게 해서 계산식을 만들 수 있습니다.

# 1 급여 계산식

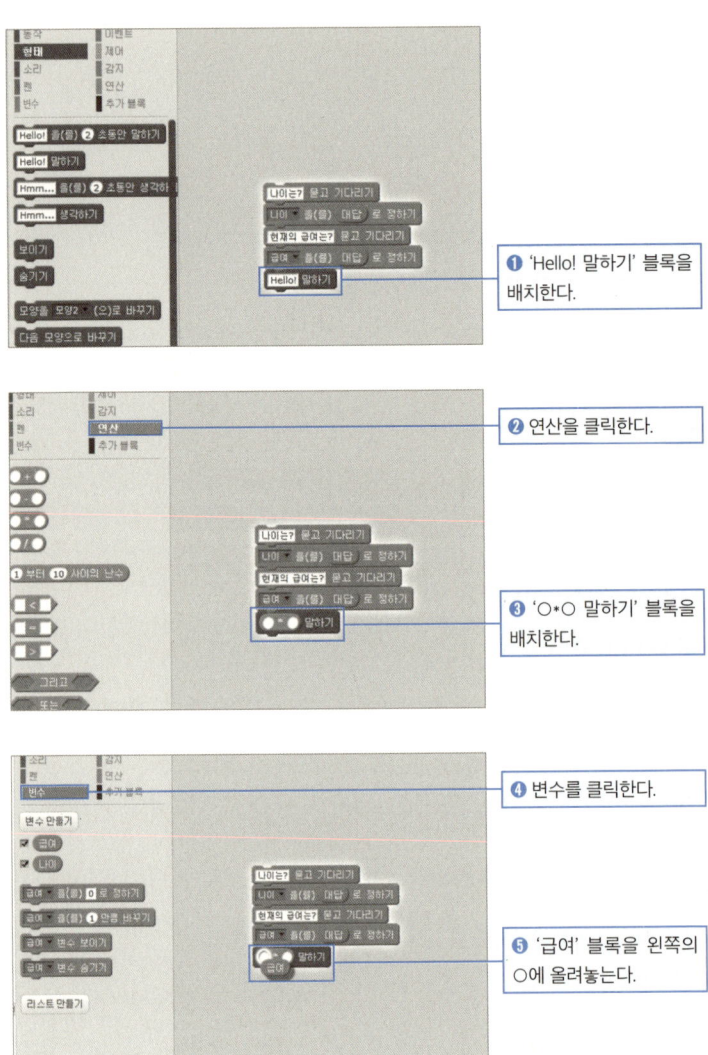

❶ 'Hello! 말하기' 블록을 배치한다.

❷ 연산을 클릭한다.

❸ 'O*O 말하기' 블록을 배치한다.

❹ 변수를 클릭한다.

❺ '급여' 블록을 왼쪽의 O에 올려놓는다.

또한 평생 연봉을 조사하려면 다음과 같은 계산식을 사용합니다. 여기서는 상여금이나 승진 등은 고려하지 않겠습니다.

급여 × 12 × (65 - 나이)

65세를 정년으로 할 때 현재의 나이부터 근속연수를 구하고, 급여에 12개월을 곱해 연봉을 계산합니다. 이 계산식을 스크래치로 조립해보세요.

### 연속해서 계산하게 한다

단, 스크래치에는 '○*○*○'라는 연속 계산식 블록이 없습니다. 이런 경우에는 블록을 '삽입 글자'라는 상태로 만들어서 대응합니다. 앞에서 배치한 블록의 오른쪽에 있는 '○'에, '연산' 그룹에 있는 '○*○'을 또 올립니다. 이렇게 하면 연속 계산식을 만들 수 있습니다.

그리고 한가운데의 ○에는 숫자로 '12'라고 입력합니다.

이어서 근속연수를 구합니다. 맨 오른쪽 '○'에는, 다시 한 번 '연산' 그룹의 '○ - ○'를 올립니다.

그리고 남은 ○에 오른쪽부터 '65'와 '데이터' 그룹의 '나이' 변수를 끼워 넣으면 계산식이 완성됩니다.

실제로 동작을 실행시켜보세요. 왼쪽 위의 팔각형 버튼(●)을 클릭하여 초기 상태로 만든 다음 블록을 클릭합니다.

예를 들어 25세에 급여가 300만 원인 경우 1억 4,400만 원이라는 답이 나옵니다.

## ❷ 급여 계산식을 만든다(계속)

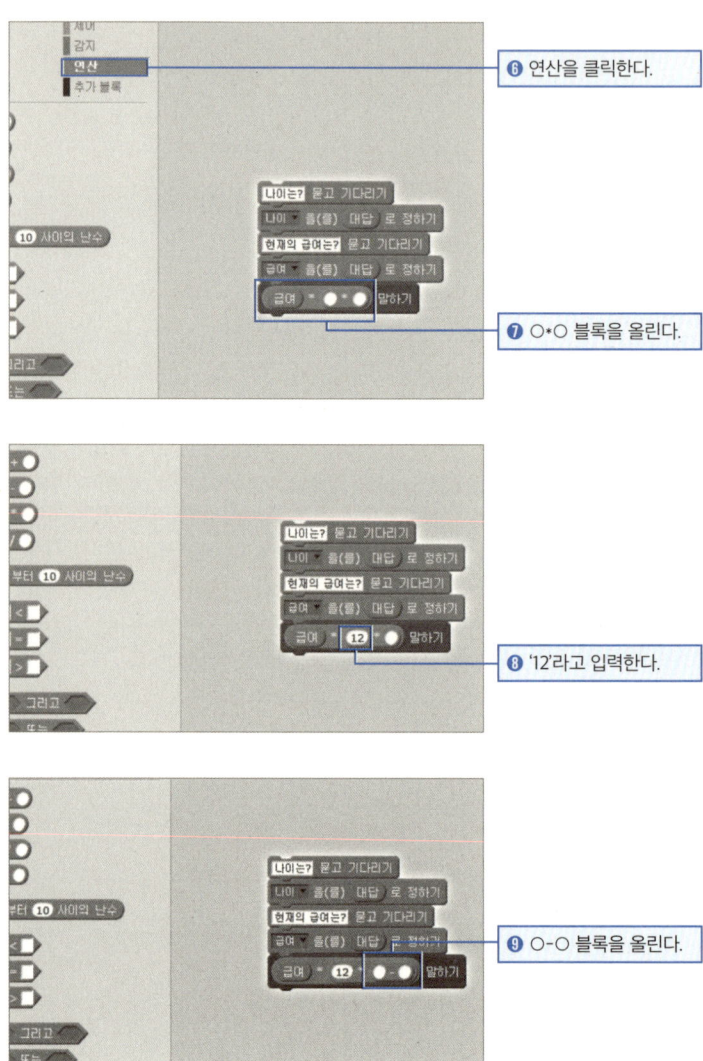

❻ 연산을 클릭한다.

❼ ○*○ 블록을 올린다.

❽ '12'라고 입력한다.

❾ ○-○ 블록을 올린다.

### 계산의 우선순위

여기서 약간 이상한 점이 있습니다. 통상적으로 계산식은 왼쪽에서 오른쪽으로 진행되고, 뺄셈보다 곱셈이 우선순위가 높습니다. 그러므로 앞의 계산식에서는 뺄셈에 괄호가 붙어 있었습니다.

급여 × 12 × (65 - 나이)

괄호를 고려하지 않고 다음 계산식으로 해버리면….

급여 × 12 × 65 - 나이

대략 2억 3,397만 원이 되어버립니다. 그러나 스크래치의 프로그램은 제대로 동작하고 있습니다. 왜일까요?

사실 스크래치는 '블록을 쌓는 순서'가 우선순위로 이어집니다.

여기서는 왼쪽부터 차례대로 블록을 쌓았으므로 맨 오른쪽 블록이 맨 위쪽에 쌓여 있습니다. 그러므로 여기서 차례대로 계산이 실행되는 것입니다. 다음과 같은 계산식이 됩니다.

급여 × 12 × (65 - 나이)

블록이 쌓이는 순서에 따라 생각지도 못한 계산 결과가 나올 수도 있으므로 조심하세요.

## 3 급여 계산식을 만든다(계속)

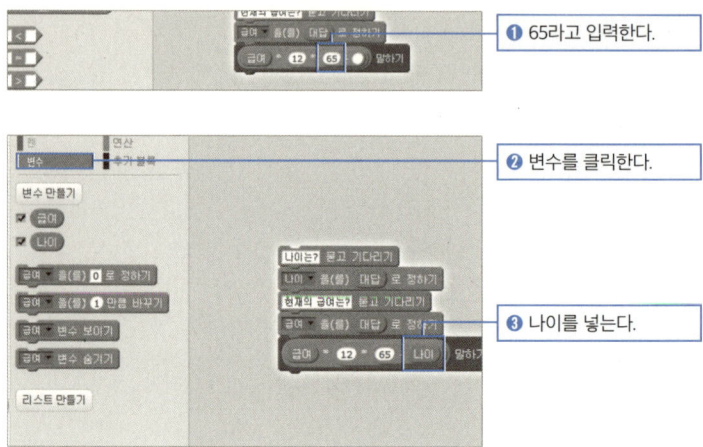

## 4 실제로 급여 계산해보기

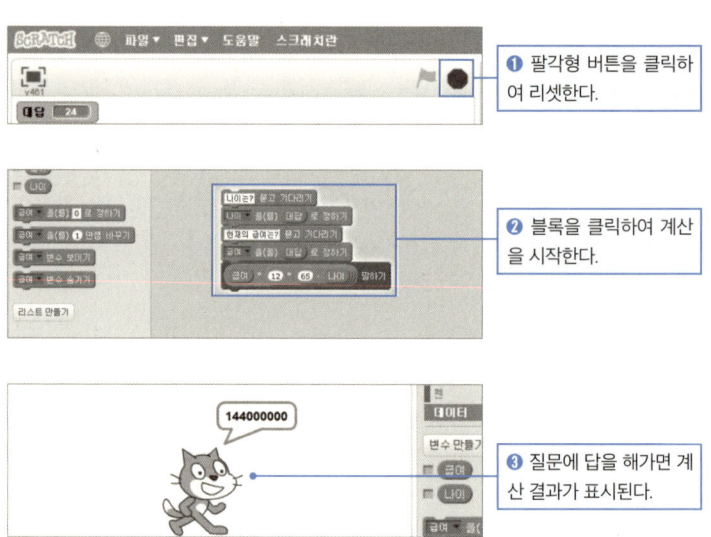

# 3

# 프로그래밍을 좀 더 깊이 알아보자
## JavaScript

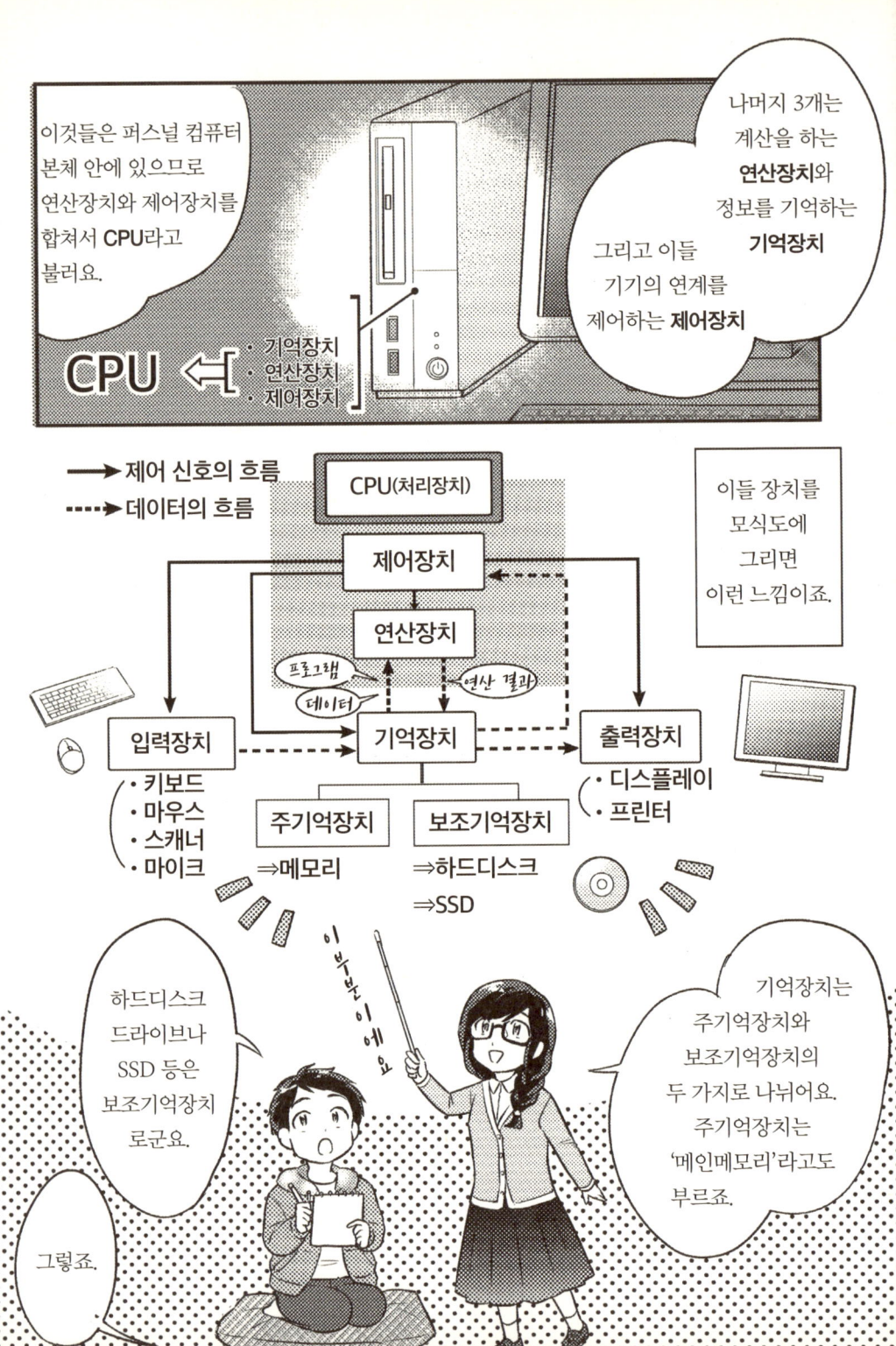

예를 들면 스마트폰의 용량은 128이라든지 256 등등 딱 떨어지지 않는 숫자잖아요. 그건 컴퓨터가 2진수를 사용하기 때문이지요.

그래요. 그것이 기계어예요.

컴퓨터는 0과 1뿐인 '2진수'를 사용하지요.

이런 지식은 프로그램을 만들다가 곤란할 때 힌트가 되니까 사실은 엄청 중요하지요.

**2진수라면**
**10000000**
↓
**10진수로 바꾸면…**
**128**

참고로 우리가 평소에 사용하는 건 10진수예요.

우리가 10이나 100을 '딱 떨어진다'고 느끼듯이 컴퓨터에게는 128 등이 딱 떨어지는 좋은 숫자인 거죠.

그러고 보니 깜박하고 있었는데.

달칵

그런 것에도 명확한 이유가 있는 거구나.

그렇구나~….

배웠네 좋은 걸

아마미한테 잘해줘서 고마워요.

응?

아마미라면, 내가 프로그래밍을 가르치는….

응. 아마미는 내 조카예요.

아마미도 프로그래밍을 재미있어 하는 것 같아요.

그랬구나….

세상 좁네요.

저는 아이카 언니 덕분에 프로그래밍을 아주 좋아하게 되었어요!

라고 하던데요.

**CHECK POINT**

# 자바스크립트란 뭘까?

### 다양한 프로그래밍 언어

후쿠는 카페에서 기다리는 동안에 자바스크립트를 공부했습니다. 1장에서도 등장했지만, 지금 가장 주목받는 프로그래밍 언어 가운데 하나입니다.

사실, 프로그래밍 언어는 종류가 엄청나게 많습니다. 그것은 프로그래밍 언어학자인 사람들이나 기업이 '보다 알기 쉽고, 사용하기 쉬운 프로그래밍 언어'를 생각해내고 개발하며 경쟁하기 때문입니다. 시대에 따라 프로그래밍 언어도 바뀌고 있습니다.

예를 들면 자바스크립트는 넷스케이프라는 기업이 웹브라우저(홈페이지)상에서 사용하는 프로그래밍 언어로서 개발한 것입니다. 그것에 대항하기 위해 마이크로소프트는 'VBScript'라는 프로그래밍 언어를 개발하려고 했습니다.

그러나 현재 VBScript의 개발은 중단되고, 마이크로소프트도 자바스크립트를 채택하고 있습니다. 이처럼 프로그래밍 언어는 날마다 새로 생겨나고 인기를 얻기 위해 서로 경쟁하고 있습니다.

그럼 자바스크립트는 왜 그렇게 인기가 있을까요? 몇 가지 이유를 소개합니다.

### 사용하기 쉽다

프로그래밍 언어에 따라 학습을 시작할 때 '컴파일러'라는 소프트웨어나 전용 개발 소프트웨어를 설치해야 하는 등 준비가 필요합니다. 그러나 자바스크립트는 에디터가 있으면 곧바로 만들 수 있습니다. 또한 평소에 홈페이지를 보는 데 이용하는 웹브라우저만 있으면, 움직임을 확인할 수 있습니다. 그리고 HTML이라는 레이아웃 언어를 학습하면 화면 등을 간단히 만들 수 있어 사용하기가 아주 쉽지요.

### 세계 표준으로 인정받다

아무리 사용하기 쉬운 언어라도 어떤 기업이 그 권리 등을 독점할 경우, 그 기업의 마인드에 따라 사용자에게는 불편한 제한이 생길 수 있습니다. 그러나 자바스크립트는 'ECMA인터내셔널'이라는 표준화단체를 통해 국제표준규격이 되었습니다.

이것이 무엇을 의미하냐면, 예를 들어 종이 크기를 생각해봅시다. 종이 크기에는 A4나 B5 등이 있습니다. 이것은 ISO라는 단체가 정해놓은 표준규격입니다. 종이회사나 파일회사, 펀치회사 등은 이 규격에 따라 제품을 만들므로 'A4 용지, A4 대응' 등의 종이나 파일을 선택하면 회사가 달라도 사용할 수 있으며, 몇 년 전 파일이라도 지금 가게에서 판매되는 A4 용지를 사용할 수 있습니다.

규격화되어 있으면 이처럼 다양한 곳에서 안심하고 사용할 수 있습니다.

## 사용 범위가 넓어지고 있다

그리하여 자바스크립트를 이용하는 프로그래머가 늘었습니다. 특히 구글 덕분에 단숨에 성장할 수 있었습니다. 검색 엔진 등을 제공하는 구글은 자바스크립트를 이용하여 잇따라 편리한 서비스를 만들어냈고, 심지어 스마트폰이나 스마트 스피커 등에서도 자바스크립트를 이용할 수 있게 확대해왔습니다.

이에 발맞추듯 애플이나 마이크로소프트, 페이스북 같은 메이저 IT 기업이 잇따라 자바스크립트를 이용하였고, 현재는 대단히 사용하기 쉬운 프로그래밍 언어가 되었습니다. 지금부터 학습하기에는 안성맞춤인 프로그래밍 언어라고 할 수 있습니다.

**1 구글 맵**

구글의 대표적인 서비스 가운데 하나인 구글 맵에도 자바스크립트가 쓰이고 있습니다.

**CHECK POINT**

# 일단 컴퓨터 구조부터 이해하기

## 구조를 아는 것은 왜 중요할까?

앞의 만화에서 프로그래밍을 배우고 싶은 후쿠에게 아이카는 갑자기 '컴퓨터의 구조'를 해설하기 시작합니다. 얼핏 보면 관계없는 이야기 같지만, 구조를 이해하는 것은 대단히 중요합니다.

예를 들어 자동차를 생각해볼까요. 자동차는 운전대를 잡고 액셀러레이터를 조작할 줄만 안다면 엔진 구조를 몰라도 운전은 할 수 있습니다. 그러나 만약 시동이 걸리지 않거나 브레이크가 듣지 않는(!) 상황이 발생한다면 평소에 별생각 없이 운전만 하던 사람은 대처할 수 없습니다.

컴퓨터도 마찬가지입니다. 평소에 이용하기만 한다면 구조를 의식하지 않을지도 모릅니다. 그러나 예를 들어 다음과 같은 문제가 생기면

3 프로그래밍을 좀 더 깊이 알아보자 – JavaScript ◀ 135

어떻게 해야 할까요?

- 작업하던 문서가 전원을 껐더니 사라져버렸다.
- 키보드로 입력한 문자가 화면에 표시되지 않는다.
- 화면이 까맣게 변해서 아무것도 보이지 않는다.

이럴 때 컴퓨터 구조를 모른다면 무엇이 원인인지조차 알지 못하므로 전체를 수리업체에 의뢰할 수밖에 없습니다. 구조를 이해하면 '왜 그런 현상이 발생했는가?' 등을 생각할 때 힌트를 얻을 수 있어 문제를 해결할 수 있습니다.

자동차도 엔진의 구조 등을 이해하면 문제가 생겼을 때 스스로 해결하거나 약간 개조를 하거나 하여 자기 나름대로 즐기는 방법이 생길 수 있습니다. 프로그래밍도 마찬가지로, 컴퓨터의 구조를 이해하면 훨씬 배우기 쉬워집니다.

프로그램을 작성하는 데에도 구조를 이해하는 것은 필요합니다. 약간 에둘러간다는 생각이 들지도 모르지만, 프로그래밍을 배우는 것과 동시에 반드시 컴퓨터의 구조도 공부해두면 좋습니다.

**CHECK POINT**

# 컴퓨터는 사실 전부 똑같다?

    PC(퍼스널 컴퓨터)와 스마트폰, 게임기. 이들의 공통점은 무엇일까요? 답은 전부 **컴퓨터**라는 점입니다. 그리고 프로그램은 이 컴퓨터를 작동시키기 위한 것입니다. 그럼, 컴퓨터란 뭘까요? 공통점은 다음 다섯 가지 장치와 기능이 있다는 것입니다.

### 입력장치(입력기능)

    이용자가 컴퓨터에 의사를 전달하기 위한 기기입니다. PC에서는 키보드나 마우스, 터치패드, 스마트폰은 터치스크린, 게임기에서는 컨트롤러가 여기에 해당합니다.

### 출력장치(출력기능)

컴퓨터가 계산이나 일을 처리한 결과를 이용자에게 전달하는 수단입니다. PC에서는 디스플레이, 스마트폰에서는 스크린이나 스피커, 게임기에서는 텔레비전 화면 등이 해당합니다.

### 연산장치(연산기능)

컴퓨터에서 가장 중요한 처리 가운데 하나로, 연산을 수행합니다. 연산이란 계산과 같은 의미이지만, 컴퓨터는 프로그램의 지시에 따라서 계산을 수행한다는 뉘앙스가 있어서 연산이라 불립니다. 덧셈이나 뺄셈을 수행하는 것은 물론, 예를 들어 게임의 캐릭터 장소를 계산하여 적절한 장소에 이동시키는 등의 계산도 연산에 해당합니다.

### 기억장치(기억기능)

연산의 과정이나 결과를 기억해두기 위한 기능입니다. 계속 기억해두는 SSD·HDD나 USB메모리, 일시적으로 정보를 기억해두는 메모리가 있습니다.

### 제어장치(제어기능)

지금까지 소개한 입력장치와 출력장치, 기억장치는 한꺼번에 작동하지는 못합니다. 제어장치가 제어하고 있어서 연계하여 작동합니다. 예를 들어 키보드에서 A라는 키를 누르면 화면에 A가 표시되는 구조를 간략하게 소개하면 다음과 같습니다.

① A라는 키가 눌러지는 것이 제어장치·연산장치에 전달된다.

② 제어장치는 기억장치 안의 프로그램에 따라 그 문자를 기억장치에 기억한다.

③ 연산장치가 문자의 위치 등을 계산한다.

④ 기억장치 안의 문자 정보를 출력장치에 전달하여 디스플레이에 문자를 표시한다.

이렇게 각 장치가 **연계하면서 작동**하는 것이 컴퓨터입니다.

**CHECK POINT**

# 제어와 연산을 담당하는 컴퓨터의 두뇌 'CPU'

### 동작 속도에 크게 영향을 주는 컴퓨터의 핵심

컴퓨터에서 가장 중요한 기능이 제어기능과 연산기능입니다. 그리고 현대의 컴퓨터는 이 두 가지 기능을 하나의 파트가 담당합니다. 그것이 'CPU(Central Processing Unit: 중앙연산처리장치)'라 불리는 파트입니다.

컴퓨터나 스마트폰은 해마다 새로운 모델이 등장하며 성능이 향상되어갑니다. 옛날 PC는 작동이 대단히 느리지만, 요즘 PC는 아주 빨리 작동합니다. 이 작동 속도에 크게 영향을 주는 것이 바로 CPU의 성능입니다.

### 여러 개의 CPU로 연산을 분담하기도 한다

더욱이 CPU는 여러 개를 이용하여 연산을 분담할 수도 있습니다. 이를 '멀티 프로세서'라고 부릅니다. 이렇게 함으로써 좀 더 고속으로 다양한 처리를 수행할 수 있습니다.

요즘은 프로세서 자체는 하나이고, '코어'라고 불리는 연산 부분을 여러 개로 하는 '멀티 코어'라는 기술이 일반적입니다.

스마트폰의 카탈로그 등에서 '듀얼 코어', '쿼드 코어'라는 말을 들어본 적이 있을 것입니다. 2개, 4개라는 의미로, 처리 성능이 높다는 것을 나타냅니다.

일반적으로 코어의 수가 많을수록 처리 성능이 높아집니다.

▶ CPU가 담당하는 기능(별색 부분)

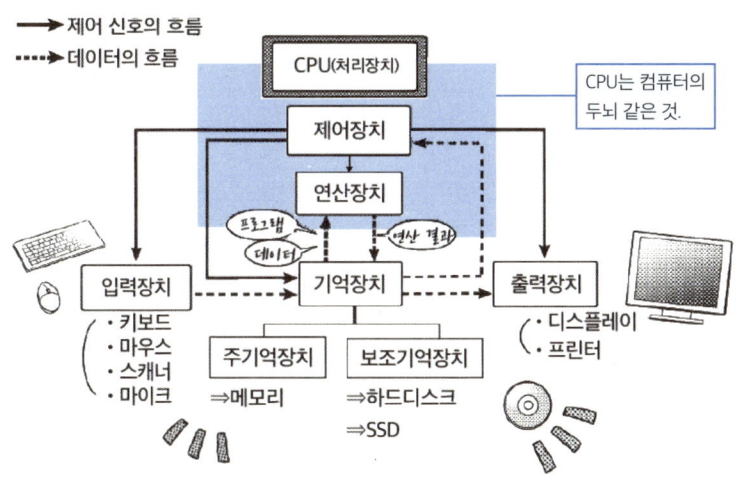

**CHECK POINT**

# 기억장치가 둘로 나뉜 이유

## '주'와 '보조'는 무엇이 다를까?

　기억장치에는 '주기억장치'와 '보조기억장치'라는 두 종류가 있습니다. 스마트폰 등의 스펙(규격)에 표기되어 있는 '메인메모리 2GB'는 '주기억장치'를 말합니다.

　보조기억장치는 '스토리지(storage)' 등으로 불리며, 100GB 이상이 일반적입니다. PC는 단위가 달라서 2TB(테라바이트=약 2,000GB) 등의 용량도 있습니다.

　그럼, 이 두 가지 기억장치의 차이는 무엇일까요? CPU 자체는 스스로 정보를 기억해둘 수 없습니다. 그러므로 연산의 결과 등 기억해두고 싶은 내용은 '주기억장치'에 정보를 보내어 기억합니다.

　그러나 주기억장치는 전원이 켜져 있는 동안에는 괜찮지만, 전원이

꺼지면 정보가 사라져버립니다. 그래서 사라지지 않게 그 데이터를 '보조기억장치'에 이동하여 저장합니다. 보조기억장치의 경우, 전원이 꺼져도 정보를 기억할 수 있는 구조로 되어 있기 때문입니다.

그럼 주기억장치를 사용하지 않고 정보가 사라지지 않는 보조기억장치를 일상적으로 사용하면 편하지 않을까 하는 생각이 들겠지만, 보조기억장치는 작동이 느린 단점이 있습니다. 이를 해소하기 위해 기억장치를 두 종류로 나누어 정보를 처리합니다.

COLUMN

### 데이터 단위

스마트폰이나 디지털카메라의 성능을 말할 때 '메가'라는 단위를 종종 들을 수 있습니다. 이것은 데이터의 양을 나타내는 단위입니다. 데이터는 'bit(비트)'라는 단위로 양을 측정하며, 8bit가 '1byte(바이트)'가 됩니다. 그래서 다음과 같이 단위가 달라집니다.

즉, 기가란 약 8×1000×1000×1000bit를 말합니다. 기억해두면 좋습니다.

● 단위 정리
8비트 → 1바이트
약 1000바이트 → 1킬로바이트
약 1000킬로바이트 → 1메가바이트
약 1000메가바이트 → 1기가바이트
약 1000기가바이트 → 1테라바이트
약 1000테라바이트 → 1페타바이트

**CHECK POINT**

# 자바스크립트로 프로그램 만들기

## 프로그래밍을 준비한다

앞의 만화에서는 후쿠가 실제로 프로그램을 작성했습니다. 여기서는 다시 한 번 그 순서를 소개하므로 꼭 한번 체험해보세요.

준비할 것은 다음과 같습니다.

- PC(태블릿 형태보다는 키보드가 있는 것이 좋습니다)
- 웹브라우저(컴퓨터에 원래 설치되어 있습니다)
- 편집 소프트웨어(메모장, 텍스트 에디터 등)

그럼 시작할까요?

### 에디터를 실행한다

우선 에디터를 실행합니다. 윈도우의 경우 왼쪽 아래의 시작 단추에서 "Windows 보조프로그램(윈도우 8 이상에서는 '액세서리')→메모장"을 클릭하여 실행합니다. 맥 OS라면 애플리케이션 안의 '텍스트 에디터'를 실행합니다.

### 프로그램을 타이핑한다

데이터가 실행하면 그림 **1**과 같이 타이핑합니다. 기호 등이 많으므로 한 글자씩 틀리지 않게 타이핑합니다.

그런 다음 '파일→다른 이름으로 저장' 등을 클릭하여 파일을 저장합니다. 이때 데스크톱 바탕화면처럼 찾기 쉬운 장소에 저장하고, 파일명은 'index.html'이라고 합니다. 이때 확장자를 '.html'로 해두는 것이 중요합니다.

**1 최초의 프로그램**(index.html)

```
<script>
window.alert('ABC');
</script>
```

### 웹브라우저에 표시한다

작성한 파일을 더블클릭하면 보통은 웹브라우저가 실행합니다. 만약 실행하지 않으면 직접 웹브라우저를 실행하고 윈도우 쪽으로 파일을 드래그 앤 드롭하면 됩니다.

　그러면 화면에 그림 2의 ❷와 같은 미니 윈도우가 표시됩니다. 잘되지 않는다면 프로그램의 내용을 비교하여 틀린 부분이 없는지를 확인합니다.

> **힌트!**
> 웹브라우저에 대해서는 p.55를 참고하세요.

> **힌트!**
> 맥 OS일 때는 HTML 파일을 작업표시줄의 사파리 아이콘으로 드래그 앤 드롭합니다.

### 2 웹브라우저에 표시한다

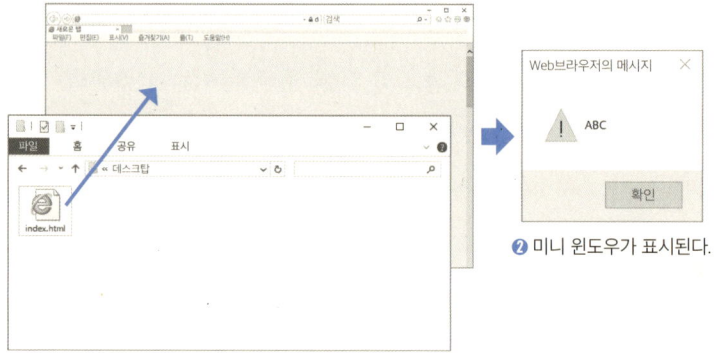

❶ 웹브라우저에 html 파일을 드래그 앤 드롭한다.

❷ 미니 윈도우가 표시된다.

**CHECK POINT**

# 어떤 프로그램을
# 만든 걸까?

### 프로그램을 단어별로 나누어 확인해보자

앞의 프로그램은 자바스크립트를 이용하여 '경고 윈도우를 표시하고 그 안에 메시지를 표시하라'는 명령을 썼습니다. 프로그램의 내용을 좀 더 알아봅니다.

### \<script\> \</script\>

먼저 맨 처음과 맨 끝에 있는 이것은 만화에서 아이카가 말했듯이, "여기가 컴퓨터에 내리는 명령이에요"라는 것을 나타내는 표시입니다. 그 안에는 다음과 같이 쓰여 있었습니다.

### window.alert('..');

맨 처음에 나온 window는 '창'을 뜻하는 영어 단어인데, 여기서는 컴퓨터의 웹브라우저 창을 가리킵니다. 윈도우를 사용하는 사람은 바로 알겠지만, 그 밖의 환경에서도, 예를 들어 스마트폰에서도 화면에 표시되는 브라우저를 'window'라고 부릅니다.

다음에 나온 alert는 '경고'를 뜻하지만, 여기서는 '경고 윈도우를 표시하세요'라는 명령을 가리킵니다. 누구에게 명령하고 있을까요? 그 앞에 쓰여 있는 window에게 명령하는 것입니다.

맨 마지막이 괄호 안의 문자인데, 이것은 '경고 윈도우에 표시된 메시지는 이것입니다'라는 정보를 나타냅니다. 그러므로 앞의 프로그램을 우리말로 표시하면 다음과 같습니다.

'윈도우님, 경고 윈도우를 표시하고 그 안에 ABC라는 메시지를 표시하세요.'

이런 명령이 됩니다. 이처럼 프로그래밍 언어는 하나하나의 단어를 분해하여 번역하면 우리말로 나타낼 수 있는 명령입니다. 그러므로 프로그래밍을 공부할 때는 이 단어에 해당하는 명령어를 기억하여 그것을 문법에 따라 배열해가는 작업이 필요합니다.

### 프로그램은 외국어와 비슷하다?

프로그래밍 공부는 외국어를 공부하는 것과 정말 비슷합니다. 그렇게 생각하면 프로그래머라는 직업은 인간의 언어와 컴퓨터의 언어를 '번역'하여 전달하는 번역가와 같은 직업이라고 말할 수 있을지도 모르겠습니다.

외국어 학습도 대충 공부해서는 습득할 수 없듯이, 프로그래밍 언어도 마찬가지로 오랜 학습이 필요합니다. 그러나 외국어를 배우면 자유롭게 외국인과 대화할 수 있는 것과 마찬가지로, 결국 컴퓨터와 자유롭게 대화하여 생각한 대로 움직이게 하는 세계가 기다리고 있습니다.

여러분도 후쿠와 함께 꼭 꾸준히 공부해보기 바랍니다.

# 4

# 실전! 프로그래밍
## JavaScript

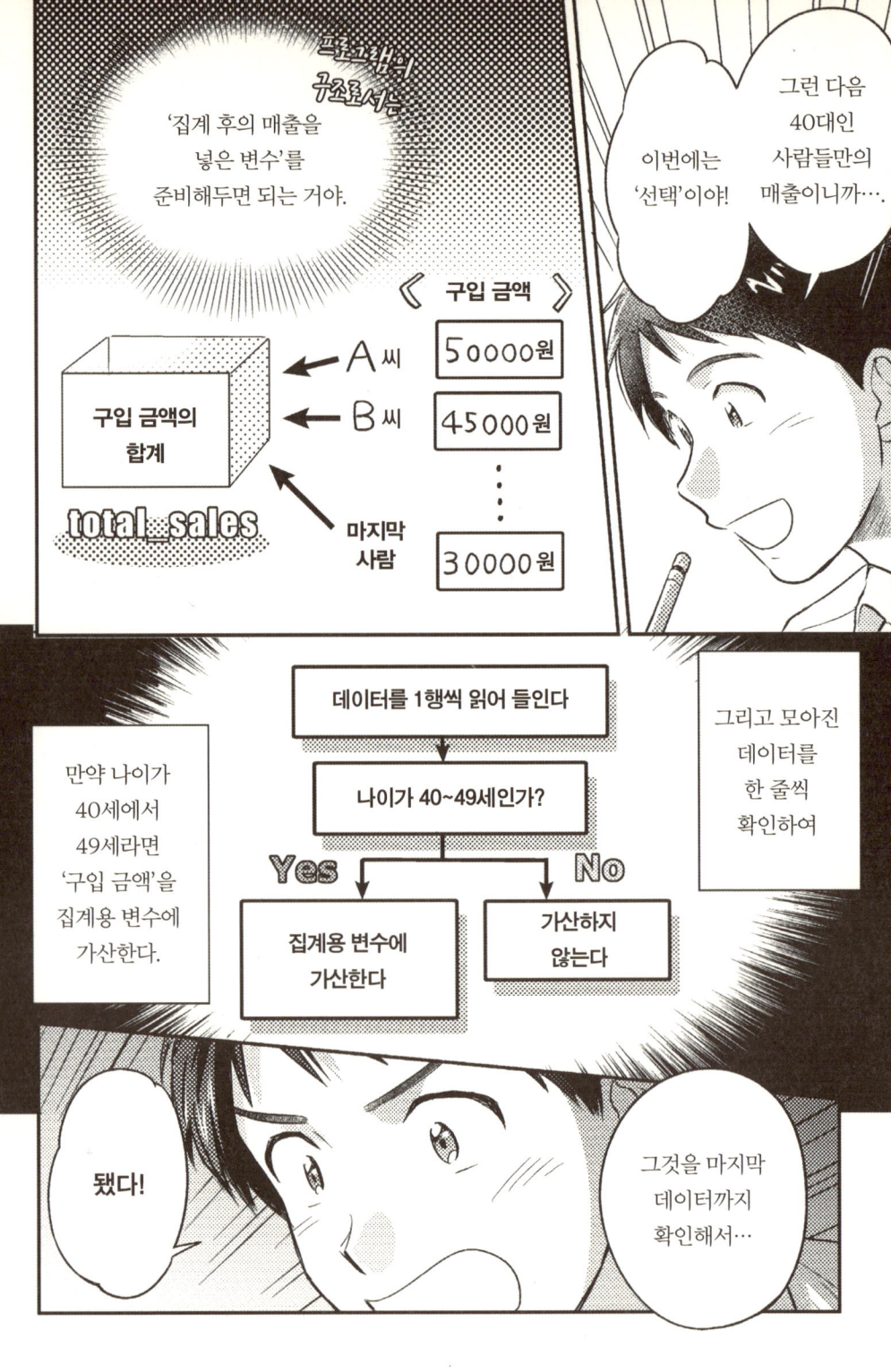

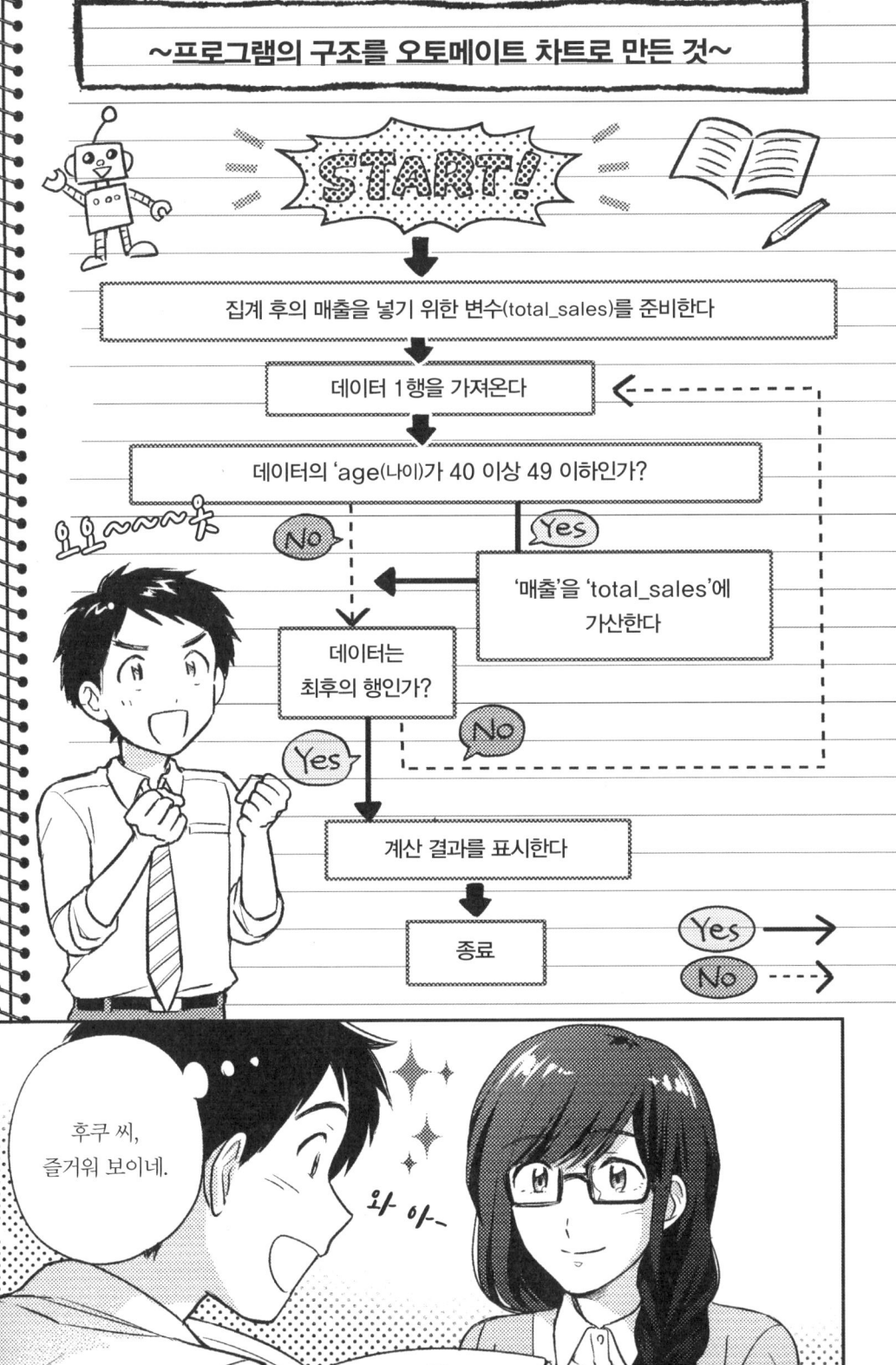

**CHECK POINT**

# 순차 프로그램 배우기

### 위에서부터 차례대로 진행하는 프로그램

여기까지 읽었다면 프로그램에 대해 어느 정도 이해가 되었을 겁니다. 이번 4장에서는 드디어 본격적인 프로그램을 작성해봅니다.

먼저 그림 **1**의 프로그램을 봅니다. 이것은 '10+5의 계산 결과를 화면에 표시한다'라는 프로그램입니다.

프로그램의 첫 행에서 'sum'이라는 이름의 변수를 준비하고, 두 번째 행에서 그 변수에 10 + 5를 계산해서 그 결과를 기억합니다. 그리고 세 번째 행에서 화면에 표시한다는 프로그램입니다. 세 가지 수순에 따라서 실제로 프로그램이 작동할 수도 있으므로 흥미가 있다면 만들어 보세요. 또한 같은 프로그램을 스크래치에서 만든다면 그림 **3**과 같습니다. 변수를 만드는 것이 포인트입니다.

이때 프로그램은 첫 행부터 차례대로 실행됩니다. 이런 진행 방법을 순차라고 합니다. 프로그래밍 언어가 쓰인 차례대로 실행됩니다.

### 1 10+5의 계산 결과를 표시하는 프로그램

```
<script>
var sum;
sum = 10+5;
window.alert(sum);
</script>
```

> **힌트!**
>
> 이 책에서 프로그램의 행수는 최초의 <script>를 제외하고 세어주세요. 말하자면 첫 번째 행은 var sum; 입니다.

### 2 프로그램을 파일에 써보면

```
■ *제목 없음 - Windows 메모장
파일(F)  편집(E)  서식(O)  보기(V)  도움말
<script>
var sum;
sum = 10+5;
window.alert(sum);
</script>
|
```

**3** 스크래치에서 같은 프로그램을 만들어보면

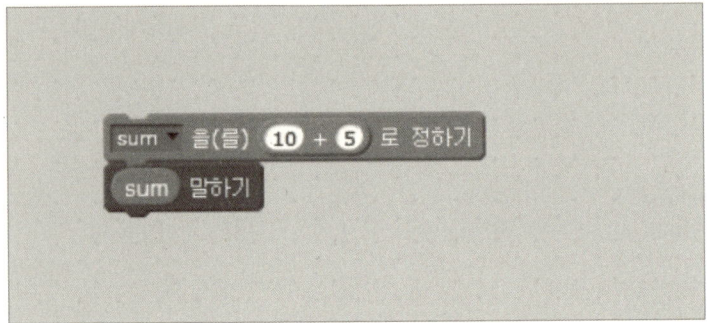

**CHECK POINT**

# 선택 프로그램 배우기

### 흐름을 2개 이상으로 나누는 선택 프로그램

순차만으로 만들 수 있는 프로그램은 제한적입니다. 그래서 프로그램에는 그 밖에도 두 종류의 흐름을 만들 수 있게 되어 있습니다.

다음에 소개하는 것은 선택 프로그램입니다. 이것은 어떤 조건에 따라, 흐름을 2개 또는 그 이상으로 나누는 것입니다. 예를 들어 여기서는 10000원의 예산을 갖고 있다고 하고, 3000원짜리 상품과 5000원짜리 상품을 구입한 경우에 예산 이내인지를 판단하는 프로그램을 작성합니다. 자바스크립트에서 작성하면 그림 **1**과 같이 됩니다.

이 프로그램을 실행하면 화면에는 '살 수 있는 가격입니다!'라고 표시됩니다. 만약 두 번째 행을 다음과 같이 변경하면(그림 **2**) 어떻게 될까요?

sum = 10000 + 5000;

그러면 이번에는 '예산 초과입니다'라고 표시됩니다.

### 1 sum 값에 따라 동작을 바꾸는 프로그램

```
<script>
var sum;
sum = 3000 + 5000
if ( sum <= 10000) {
    window.alert('살 수 있는 가격입니다!');
} else {
    window.alert('예산 초과입니다');
}
</script>
```

### 2 두 번째 행을 변경해보면

```
<script>
var sum;
sum = 10000 + 5000;   ---------여기를 변경했습니다
if ( sum <= 10000) {
    window.alert('살 수 있는 가격입니다!');
} else {
    window.alert('예산 초과입니다');
}
</script>
```

**3 그림 1을 실행해보면**            **4 그림 2를 실행해보면**

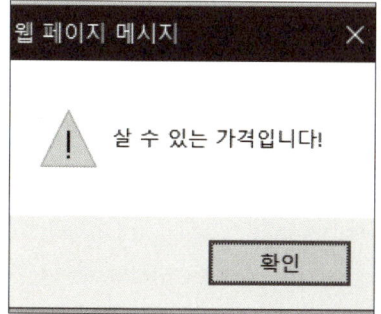 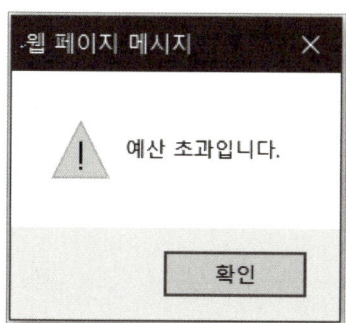

똑같은 프로그램을 스크래치로 작성하면 그림 5와 같이 됩니다. 여기서는 '제어'라는 그룹에 있는 '만약 ~라면, 만약 …하지 않으면…'이라는 블록을 사용했습니다. 이 블록은 다시 다른 블록을 끼워 넣은 형태가 됩니다. 또한 '만약 ~라면' 부분에는, 약간 특별한 마름모꼴 블록을 끼워 넣을 수 있습니다. 마름모꼴 블록은 '연산' 그룹 안에 있습니다.

자, 이 프로그램이 '선택'이라는 구조의 프로그램입니다. 선택에서는 둘 중 한쪽으로만 움직인다는 프로그램을 만들 수 있습니다. 말하자면 여기서는 '살 수 있는 가격입니다!'로 표시할지 '예산 초과입니다'로 표시할지를 선택합니다. 둘 다 표시되는 일은 없습니다.

그 선택의 비밀이 스크래치의 마름모꼴 블록입니다. 자바스크립트에서는 'if' 다음의 괄호 안 부분에 해당합니다.

if ( sum <= 10000) {

sum이란 2장에서 등장했던 변수입니다. 그 앞의 행에서 3000 +

5000을 계산해서 나온 값을 sum이 기억하고 있으므로, sum이라는 변수에는 8000이라는 숫자가 들어가 있습니다. 이처럼 숫자를 기억시키는 것을 프로그래밍 용어로 '대입(代入)'이라고 합니다. 8000원의 합계액이 10000원의 예산으로 살 수 있는지 어떤지는 어떻게 판단하면 좋을까요. 1장에서도 잠깐 언급했지만, 컴퓨터는 '10000원으로 8000원인 물건을 살 수 있습니까?'라고 물어도 대답할 수 없으므로, 컴퓨터가 알 수 있도록 번역해야 합니다. 다음과 같습니다.

합계액이 10000 이하라면 살 수 있다. 그렇지 않으면 살 수 없다.

여기서 '이하'는 프로그램으로 표시할 수 있습니다. 그것을 표현한 것이 '<='라는 기호입니다. 약간 낯설지만, 수학의 부등호로 '?'라는 기호를 사용했던 기억이 있을 것입니다. 그 기호를 프로그래밍에서는 이용할 수 없으므로 <와 =를 조합하여 사용합니다. 즉 'sum <= 10000'라고 쓴 것은 'sum ≦ 10000'이라고 쓴 것과 같습니다. 합계가 10000 이하인지 아닌지를 판단하는 것입니다.

### 5 그림 1의 프로그램을 스크래치로 만들어보면

이 '<='라는 기호를 비교연산자라고 부르며, 그림 6과 같은 종류가 있습니다.

단, 스크래치의 경우 몇 가지 기호는 사용할 수 없습니다.

앞에서 사용한 '<='라는 기호도 없으므로 그림 5에서는 다음과 같은 프로그램을 대신 사용하고 있습니다.

sum < 10001

요컨대, '합계가 10001 미만이 됩니다. 이렇게 하면 10000 이하와 같은 조건으로써 취급할 수 있지요.

if 구문(if를 사용한 프로그램)은 괄호 안에 쓴 조건이 만족하지 않은 경우, 중괄호({ }) 안에 쓰인 처리를 실행합니다. 요컨대, 여기서는 사고 싶은 상품의 합계가 10000 이하인 경우에 다음의 처리가 수행되어 화면에 '살 수 있는 가격입니다!'라고 표시됩니다.

window.alert('살 수 있는 가격입니다!');

그리고 두 번째 행의 계산식을 다음과 같이 바꾸어 예산을 초과하면…

sum = 10000 + 5000;

이번에는 10000원인 상품과 5000원인 상품이므로 합계 15000원입니다. 예산을 넘었지요. 이 경우, 앞의 '살 수 있는 가격입니다!'라고 화면에 표시하는 프로그램은 실행되지 않습니다.

### 6 여러 가지 비교연산자

| 비교연산자 | 의미 |
|---|---|
| A == B | A와 B가 같다 |
| A != B | A와 B가 같지 않다 |
| A >= B | A가 B 이상 |
| A > B | A가 B보다 크다 |
| A < B | A가 B보다 작다(B 미만) |
| A <= B | A가 B 이하 |

## 조건이 충족되지 못했을 땐 else

그림 **1**에서 5행 이후를 봅시다(그림 **7**). else라는 문자가 있지요. else는 '그렇지 않은 경우'라는 의미입니다. if의 조건을 만족하지 못한 경우, 대신에 else 이후의 프로그램이 실행되며, 여기서는 '예산 초과입니다'라고 화면에 표시되는 것입니다.

window.alert('예산 초과입니다');

이렇게 해서 if 구문을 사용하면 '만약 ○○라면, 이렇게 한다. 그렇지 않다면, 이렇게 한다'라는 선택지가 있는 프로그램을 만들 수 있습니다.

### 7 5행 이후의 프로그램

```
} else {
    window.alert('예산 초과입니다');
}
```

### 조건을 여러 개로 조합할 수 있는 논리연산자

if 구문의 조건은 언제나 1개로 제한되지는 않습니다. 예를 들어 다음과 같은 프로그램을 만들고 싶다고 해봅시다.

'예산 내에서 그리고 월급날에 가까우면 산다'

예산에 더해서, 날짜라는 조건이 더해졌습니다. 단, 역시 '월급날이 가깝다'라는 인간의 감각에 가까운 조건 그대로는 프로그램으로 만들 수 없습니다.

'오늘 날짜가 20일 이후이고, 24일 이전이라면 월급날에 가깝다.'

그러므로 여기서는 위와 같이 정의합시다. 이것을 프로그램으로 만들면 그림 8과 같이 됩니다. 실행하면 그림 9와 같이 표시됩니다. 날짜나 계산식을 바꿔서 실행해보면 결과가 달라지는 것을 알 수 있습니다. 스크래치로 만들면 그림 10과 같습니다.

여기서는 새롭게 프로그램의 1행에 'today'라는 변수가 등장했습니다. 여기에는 오늘 날짜가 대입됩니다. 하지만 실제로 오늘 날짜가 들어가게 하려면 별도의 프로그래밍이 필요하므로, 여기서는 임시로 '21일'이라고 합니다. 좋아하는 숫자를 넣어도 됩니다.

### 8 오늘 날짜가 20일 이후이고, 24일 이전이라면 산다

```
<script>
var today = 21;   --- today라는 변수에 '21'을 대입한다
var sum;
sum = 3000 + 5000;
if (sum <= 10000 && (today >= 20 && today <= 24)) {
   window.alert('월급날도 가깝고 하니, 살 수 있다!');
} else {
   window.alert('오늘은 참자');
}
</script>
```

### 9 그림 8을 실행해보면

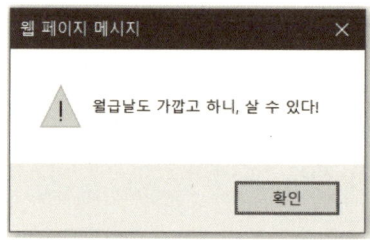

### 10 그림 8을 스크래치로 만들어보면

그러면 다음으로, 조건 부분을 봅니다. 상당히 복잡합니다.
if (sum <= 10000 && (today >= 20 && today <= 24)) {
전부 합하여 3개의 조건이 나열되어 있습니다.

sum <= 10000 - 합계가 10000 이하인가
today >= 20 - 오늘이 20일 이후인가
today <= 24 - 오늘이 24일 이전인가

이들 조건을 모두 만족시키지 않으면 살 수 없으므로, 여기에는 '&&'이라는 기호로 연결되어 있습니다. 스크래치에서는 '및'이라는 연산의 마름모꼴 블록입니다. 이것을 '논리연산자'라고 합니다.

중학교 수학에서 논리곱이나 논리합이라는, 그림 **11**과 같은 내용을 공부한 적이 있습니까? 양쪽을 만족시키는 경우와, 어느 한쪽을 만족시키는 경우를 나타냅니다. 이것을 자바스크립트에서는 그림 **12**와 같은 기호로 표시합니다.

이것을 사용하여 '○○ 그리고 □□', '○○ 또는 □□'라는 조건을 만들어낼 수 있습니다.

## 11 논리곱과 논리합

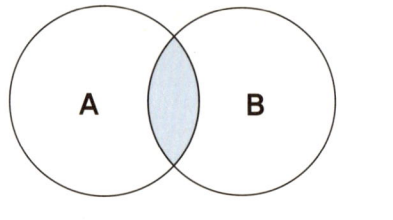

논리곱
(A 그리고 B의 범위)

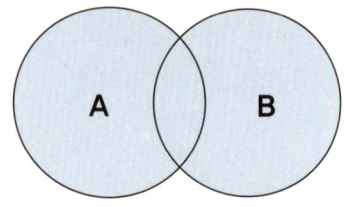

논리합
(A 또는 B의 범위)

## 12 여러 가지 논리연산자

| 논리연산자 | 의미 |
|---|---|
| && | 그리고 |
| \|\| | 또는 |

## 13 조건을 설명해보면

if (sum <= 10000 && (today >= 20 && today <= 24)) {

sum이 10000 이하라면   오늘이 20 이상이라면   오늘이 24 이하라면

그리고                그리고

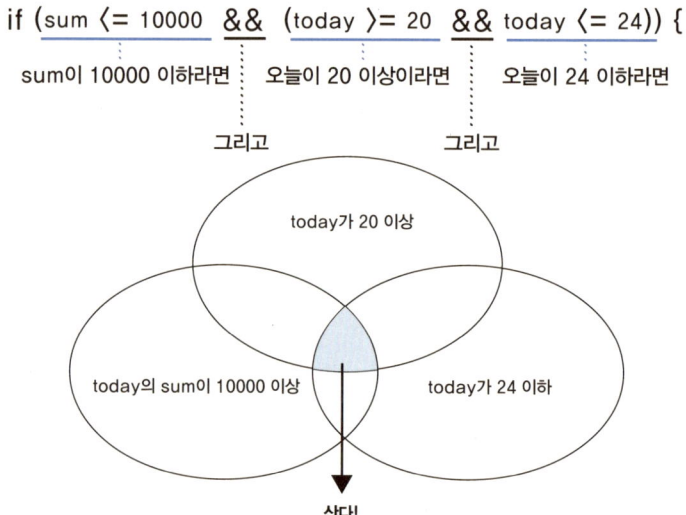

**CHECK POINT**

# 반복 프로그램 배우기

### 같은 내용을 여러 번 반복하는 프로그램

프로그램의 흐름을 만드는 또 하나가 반복입니다. 예를 들어 만화에서 후쿠가 처음에 골치를 앓았던 '각 점포의 매출을 합계한다'라는 것을 프로그래밍할 때, 이 반복의 구문을 알고 있다면, 쉽게 처리할 수 있었을지도 모릅니다.

먼저 다음과 같은 프로그램을 작성해봅니다.

'1부터 100까지 세어서 화면에 표시한다.'

'화면에 표시한다'라는 것은 자바스크립트에서 'document.write'라는 명령으로 만들 수 있으므로, 혹시 지금까지 배운 것만으로 프로그램을 만들려고 하면 그림 **1**과 같이 됩니다.

이걸로도 확실히 제대로 동작합니다. 그러나 이처럼 100행이나 명령을 쓰는 것은 대단히 비효율적입니다. 그러므로 그림 **2**와 같이 바꿔 보세요. 프로그램이 대단히 짧아졌습니다. 이렇게 해도 제대로 작동합니다(그림 **3**).

### **1** '반복'을 사용하지 않은 프로그램

```
<script>
document.write('1');
document.write('2');
document.write('3');
...(생략)...
document.write('99');
document.write('100');
</script>
```

### **2** '반복'을 사용한 프로그램

```
<script>
var number = 1;
while (number <= 100) {
   document.write(number);
   document.write('<br>');
   number = number + 1;
}
</script>
```

**3** 그림 **2**를 실행해보면(100까지 표시됩니다)

```
1
2
3
4
5
6
7
8
9
10
11
12
13
14
```

스크래치에서는 그림 **4**와 같이 됩니다. '제어' 그룹에 있는 '○번 반복하기'라는 블록을 사용합니다. 이 블록도 앞의 '만약 ~라면, …하지 않으면…'과 마찬가지로 틈새에 블록을 끼워 넣은 모양을 이룹니다. 여기에 끼워 넣은 블록이 지정한 횟수만큼 반복하게 합니다.

그러면 그림 **2**의 프로그램을 1행부터 차례로 살펴볼까요. 우선 'number'라는 변수를 준비합니다. 3행에서 이 number라는 변수의 내용을 화면에 표시합니다. 지금 number라는 변수에는 1이 대입되어 있으므로 화면에는 1로 표시됩니다.

그러면 이 상태에서 2를 표시하려면 어떻게 해야 할까요? number 라는 변수를 2로 하면 되겠지요. 그러므로 5행에서 다음 계산식을 사용하고 있습니다.

number = number + 1;

이것은 'number 변수에, 지금 number 변수에 들어 있는 것에 1을 더한 것을 대입한다'라는 식입니다. 번거롭지만, 요컨대 스크래치 블록에 있는 것처럼 '1을 더하기'라는 조작입니다. 프로그래밍에서는 이런 조작도 컴퓨터다운 말로 바꿔줘야만 합니다.

자, 그러면 이 프로그램에서 가장 어려운 곳인 2행입니다.

while (number <= 100) {

스크래치를 활용한 그림 4를 보면 알 수 있듯이 이것은 '100번 반복하기'라는 프로그램입니다. 'while'은 '반복한다'를 뜻하는 구문입니다. 괄호 안에는 '반복하는 조건'을 기술합니다.

4 그림 2를 스크래치에서 만들면

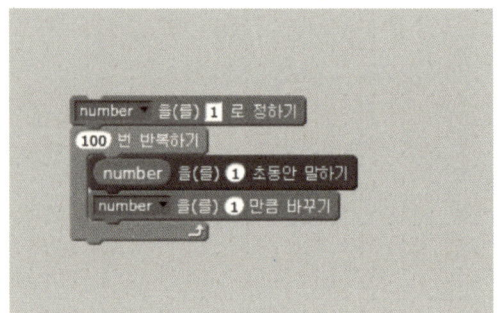

**5** 5행에서 하는 것

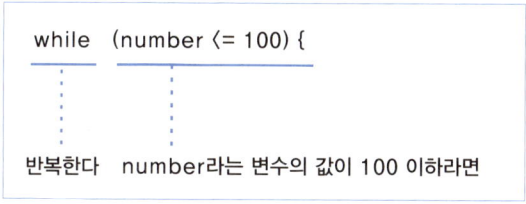

**6** 2행의 while 구문의 뜻

```
while (number <= 100) {
```

반복한다    number라는 변수의 값이 100 이하라면

여기서 반복하는 조건을 이루는 것은 'number <= 100'이라는 부분입니다. 말하자면 'number라는 변수가 100 이하인 간격'이라는 것입니다.

또한, 4행의 프로그램은 '행 바꾸기'라는 프로그램입니다. 숫자가 1행에 1개 표시되도록 행을 바꾸고 있습니다.

그리고 5행에서 number에 1을 더하고 있습니다. 여기서 number는 2로 변합니다. 그 후 최초의 조건을 기재하는 곳까지 프로그램이 되돌아갑니다. 즉 조건이 아직 해당하는지 그렇지 않은지를 확인합니다.

2는 100 이하이므로, 아직 조건에 해당합니다. 그러므로 다시 화면에 숫자가 표시됩니다. 이때 표시되는 숫자는 2가 됩니다. 그리고

number에 1이 더해져서 3이 됩니다.

　이렇게 하여, 점점 수가 더해지면서 화면에 숫자가 표시되어갑니다. 그리고 100까지 화면에 표시되면, 이윽고 number는 101이 됩니다. 그러면 101은 100 이하가 아니므로 조건에서 벗어나 프로그램이 끝이 납니다.

**CHECK POINT**

# 배열·리스트
# 사용해보기

**문자를 순서대로 표시하는 프로그램**

이어서 숫자가 아닌 것을 화면에 표시해봅니다. 예를 들면 여기서는 지점명을 화면에 표시해봅니다. 이런 경우에는 프로그래밍 언어에 있는 '배열' 또는 '리스트'라는 기능을 사용하면 편리합니다.

자바스크립트에서는 그림 **1**과 같은 프로그램이 됩니다(실행 결과는 그림 **2**).

스크래치에서는 그림 **3**과 같이 되는데, 사실 이쯤 되면 스크래치가 더 번거로워집니다.

## 1 배열을 사용한 프로그램

```
<script>
var shops = ['A지점', 'B지점', 'C지점', 'D지점'];
var number = 0;
while (number < shops.length) {
   document.write(shops[number]);
   document.write('<br>');
   number = number + 1;
}
</script>
```

## 2 그림 1을 실행해보면

A지점
B지점
C지점
D지점

여기서는 '변수' 그룹에 있는 '리스트' 기능을 사용하고 있습니다.

변수 그룹에서 '리스트 만들기' 버튼(그림 4)를 클릭해서 'shops'라는 리스트를 작성하면(그림 5), 무대에 그림 6과 같은 리스트 화면이 표시됩니다. 그런 다음 '+' 버튼을 누르면서 항목을 추가해갑니다(그림 6).

### 3 그림 2를 스크래치로 만들어보면

### 4 변수 그룹에서 '리스트 만들기' 클릭

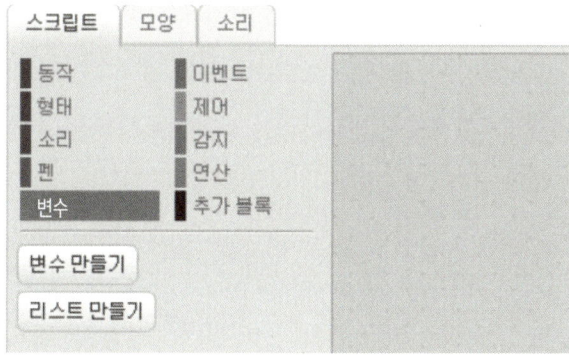

### 5 'shops'라는 이름으로 리스트 만들기

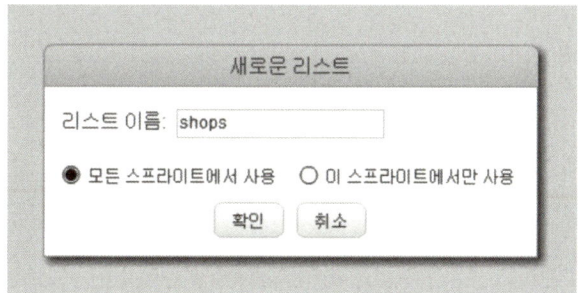

### 6 무대 위의 리스트에 [+] 버튼으로 변수 추가하기

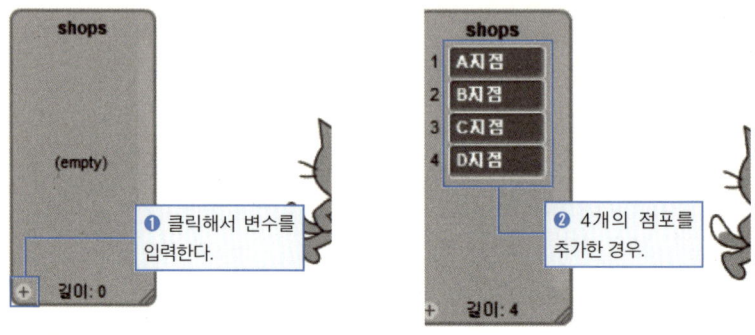

❶ 클릭해서 변수를 입력한다.
❷ 4개의 점포를 추가한 경우.

변수를 합친 것을 자바스크립트에서는 '배열' 등으로 부르며, 그림 1의 1행과 같이 준비합니다. 브라켓 [ ]으로 둘러싸고, 콤마 기호로 구획을 지으면서 항목을 배열해가면, shops라는 배열명으로 배열을 만들 수 있습니다.

이 배열은 다음과 같이 쓰면 안에 들어 있는 항목을 추출할 수 있습니다.

shops[1]

이 경우 B지점이 추출됩니다. 배열명에 브라켓과 추출하고 싶은 번호를 지정합니다. 괄호 안에 지정한 숫자를 첨자나 인덱스 등으로 말합니다. 여기서 '으응?' 하고 생각할지도 모르겠습니다. 1행이라면 'A지점'이 아닐까 생각하겠지만, 실제로는 'B지점'이 추출됩니다. A지점은 0번입니다. 1부터 숫자를 세는 것은 '자연수'인데, 컴퓨터는 '정수'를 사용하므로, 맨 처음은 0번이랍니다.

스크래치는 자연수로 세도록 되어 있으므로, 1번부터 이루어져 있습니다.

다음은 이 배열의 인덱스를 차례로 바꾸면서, 항목을 화면에 표시하면 모든 지점을 표시할 수 있습니다.

이제 그림 **1**에서 3행의 반복 조건을 살펴봅니다.

while (number < shops.length)

조건을 비교하는 상대가 약간 특이합니다. 'shops.length'라는 건 그 배열의 수를 알기 위한 방법[이 length를 프로퍼티(property, 파일 또는 문자열, 하드웨어 등이 가지고 있는 고유의 정보)라고 합니다]입니다. 이것으로 지금의 배열에 몇 가지 항목이 들어 있는지를 알 수 있습니다. 여기서는 4가 됩니다.

그러면 다음과 같이 4라는 숫자를 직접 지정하면 될 것 같은 생각이 듭니다.

while (number < 4)

그러나 직접 숫자를 지정해버리면, 배열의 항목이 바뀌었을 때 여기의 숫자도 함께 변경해야 합니다. 이래서는 효율이 떨어지므로 '지금 배열된 항목 수만큼 반복하세요'라는 프로그램으로 바꾼 것입니다.

이에 따라 배열의 수만큼 반복적으로 화면에 내용을 표시해 모든 점포의 리스트를 표시할 수 있게 되었습니다.

**7** 그림 **3**을 실행해보면(D지점까지 반복하기)

### 배열을 사용해 계산해보자

드디어 마지막 프로그램입니다. 지금까지 배운 '반복' 지식을 사용하여, 각 지점의 수익 합계를 내봅니다. 그림 8과 같이 됩니다.

이를 실행하면, 결과가 1250이라는 것을 눈 깜짝할 사이에 알 수 있습니다. 이날의 모든 점포의 수익은 1250만 원이라는 것을 알았습니다.

먼저, 각 점포의 매출을 'sales'라는 이름의 배열로 준비했습니다. 동시에 'total'이라는 변수를 준비하고, 0을 대입합니다. 여기에 각 점포의 수익을 더해서 합계액을 냅니다. number도 준비해서 0을 대입했습니다.

while 구문은 앞의 프로그램과 똑같습니다. 배열의 수만을 반복하고, 화면에 표시하는 대신에 다음과 같은 프로그램이 되었습니다.

total = total + sales[number];

지금까지 배운 것을 사용하면 이해할 수 있겠지만, total이라는 합계를 구하는 변수에, sales라는 배열의 number번째 내용을 덧붙이고 있습니다. 즉, 배열의 내용을 계속 total이라는 변수에 덧붙여가는 것입니다.

이렇게 하여 수익 합계가 구해졌습니다. 점포 수가 100개든 1000개든 정확히 계산할 수 있습니다. 변수가 커지면 커질수록 컴퓨터의 고마움을 깨닫게 됩니다.

## 8 수익 합계를 구하는 프로그램

```
<script>
var sales = [1000, -2000, 1500, 800, -50];
var total = 0;
var number = 0;
while (number < sales.length) {
   total = total + sales[number];
   number = number + 1;
}
window.alert(total);
</script>`
```

## 짧게 쓸 수 있는 for 구문

프로그래밍 언어에 따라 똑같은 '반복 구문'이나 '선택 구문'이라도 쓰는 방법은 여러 가지가 있을 수 있습니다. 예를 들면 자바스크립트는 앞에서 본 while 구문과 똑같은 동작을 하는 프로그램을 다르게 써서 만들 수 있습니다(스크래치에는 이런 별도의 방법이 없습니다).

● while 구문을 사용한 프로그램
윈도우(Windows)에는, 인터넷 익스플로러(이하 IE)라는 브라우저가 설치되어 있습니다. 윈도우 7/10에서는, 화면 왼쪽 아래의 윈도우 시작 버튼에서 '모든 프로그램(모든 앱) → Internet Explorer'를 클릭하여 실행합니다.

```
<script>
var sales = [1000, -2000, 1500, 800, -50];
var total = 0;
for(var i = 0;i = <sales.length; i++) {
    total = total + sales[i];
}
window.alert(total);
</script>
```

● 짧게 쓸 수 있는 for 구문을 사용한 프로그램
```
<script>
var sales = [1000, -2000, 1500, 800, -50];
var total = 0;
for (var i=0; i=<sales.length; i++) {
}
window.alert(total);
```

while 구문에 비해서 간결하게 쓸 수 있습니다. 대신에, 약간 쓰는 방법이 복잡해지지만, 'for( )' 안에 필요한 기술이 모두 들어갈 수 있게 쓰는 방식입니다.

이처럼 많이 사용하는 구문 등은 좀 더 짧게 기술하는 방법이 있거나 비법 같은 테크닉도 여럿 있습니다. 하지만 우선 기본을 확실하게 다지는 것이 중요합니다. 다소 효율이 나쁘더라도 프로그램을 쓰는 가장 기본적인 방식으로 확실하게 프로그램을 기술할 수 있어야 합니다. 그런 다음 익숙해지면 조금씩 응용하여 쓰는 법을 익힙니다.

**CHECK POINT**

# 프로그램의 '디버그' 배우기

### 버그란 뭘까?

프로그래밍 언어를 학습하다 보면, 반드시 골치를 앓는 것이 '잘 움직여지지 않는다', '에러가 난다', '생각대로 움직이지 않는다' 하는 문제입니다. 이런 현상을 통틀어서 '버그(Bug)'라고 부릅니다.

Bug는 벌레를 뜻하는 영단어입니다. 옛날 컴퓨터는 아주 대형이었는데, 여기에 나방 같은 벌레가 기어들어 와서 전기 계통을 망가뜨리거나 하여 정상적으로 동작하지 않는 현상을 'Bug'라 부른 데서 유래했습니다. 지금도 프로그램의 실수 등으로 제대로 동작하지 않는 것을 통틀어서 이렇게 부릅니다.

몇 번을 반복해도 버그가 발생하면, '나는 프로그래밍 공부와 맞지 않는다'라며 낙심하기도 합니다. 그러나 안심하기 바랍니다. 버그는 최

고의 프로그래머도 늘 겪는 일입니다. 버그가 하나도 없는 프로그램을 만드는 것은 아마도 불가능하다고 말할 정도입니다.

버그는 생기지 않게 하는 것이 아니라 생겨난 버그를 빨리 없애는 것이 중요합니다. 이것을 '디버그(De-bug)'라고 합니다.

### 버그를 없애자

그림 **1**의 프로그램을 정확히 타이핑합니다(일부러 틀리게 써놓은 부분이 있습니다). 앞 장에서 배운 대로 파일을 저장하고 웹브라우저에 표시해 봅니다.

그러면 원래는 메시지가 표시되어야 하는데, 아무것도 표시되지 않습니다. 버그 때문에 프로그램이 정상적으로 작동하지 않은 상태입니다.

이때 가장 해서는 안 되는 작업이 '1부터 고치기'입니다.

만약 프로그래밍 언어 입문서 등을 읽으면서 샘플 프로그램을 타이핑하여 제대로 작동하지 않았을 때, 처음부터 끝까지 샘플과 비교하는 작업을 하면 대단히 힘들어집니다.

## 1 디버그를 위한(틀린 것이 있는) 프로그램

```
<script>
ver sum;
sum = 10+5;
window.alert(sum);
</script>
```

이럴 때는 '디버그 수법'을 배워서 직접 버그를 찾아냅니다. 우선은 '에러 메시지'를 확인합니다. 웹브라우저에 따라 조작이 달라집니다.

### 인터넷 익스플로러의 경우

HTML 파일을 표시한 상태에서, ALT 키를 클릭하여 메뉴를 표시하고, '툴→F12 개발자 도구'를 클릭합니다.

그러면 윈도우 아래쪽에 추가 윈도우가 표시되고, 거기서 '콘솔'이라는 부분을 클릭합니다. ❌마크 뒤에 영문 메시지가 표시되어 있습니다. F5 키로 페이지 새로고침을 할 필요가 있을 때도 있습니다. 이것이 에러 메시지입니다.

### 사파리의 경우

HTML 파일을 표시한 상태에서, 메뉴 바에서 'Safari→환경설정'을 클릭합니다. 위쪽의 탭에서 '고급'을 클릭하고, 메뉴 막대에서 개발자용 메뉴 보기를 체크한 후, 설정 윈도우를 닫습니다. 메뉴 바에 '개발'이 추가되므로, 여기에서 'JavaScript 콘솔 표시'를 클릭합니다. 필요에 따라 'command+r' 키로 페이지 새로고침을 합니다.

## 2 인터넷 익스플로러의 표시 순서

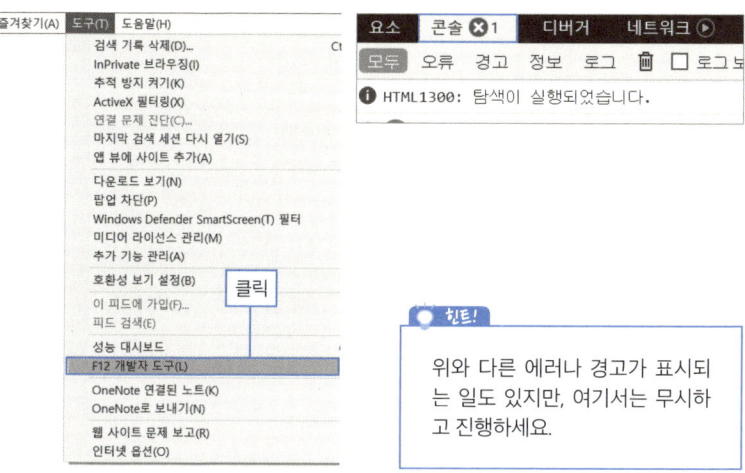

> **힌트!**
> 위와 다른 에러나 경고가 표시되는 일도 있지만, 여기서는 무시하고 진행하세요.

## 3 사파리의 표시 순서

❶ 클릭

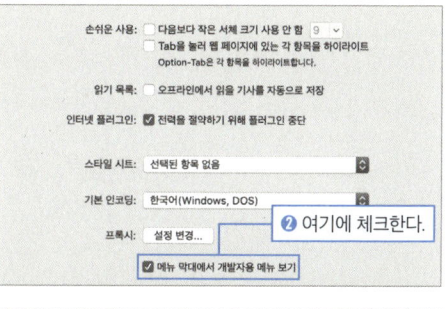

❷ 여기에 체크한다.

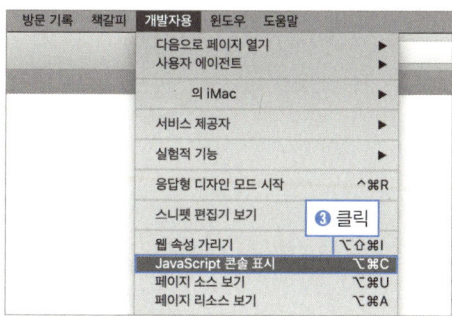

❸ 클릭

### 에러 메시지 읽는 법

에러 메시지를 읽는 방법은 약간 요령이 필요합니다. 왜냐하면 에러 메시지는 '무엇이 잘못되었는가'는 알려주지 않기 때문입니다. 에러 메시지는 어디까지나 '올바르게 이해하지 못한 부분'밖에 알려주지 않습니다. 다음은 IE의 예로 해설합니다.

예를 들면, 이번의 경우 "';'가 없습니다"라고 기술되어 있습니다.

그럼 이 에러는 어디서 발생했을까요? 에러 메시지 아래에 표시되어 있는 파일명의 오른쪽 숫자를 봅니다. sample.html이라는 파일명 다음에 2, 5라고 기술되어 있습니다. 이것은 2행의 5번째 문자에 에러가 발생했음을 나타냅니다.

파일명 부분을 클릭하면, 자동으로 해당하는 곳으로 점프합니다. 그러면 여기서는 ver 다음에 에러가 발생했음을 알 수 있습니다.

대개 그 앞의 기술이 잘못된 경우가 대부분입니다. 이 경우, var라고 기술해야 하는데, ver라고 오타를 낸 것입니다.

이처럼 에러 메시지를 보는 습관을 들이면 디버그 작업은 아주 쉬워집니다.

처음에는 내용을 잘 알 수 없으므로 단서를 찾아내기 힘들지만, 에러 메시지의 종류는 그리 많지 않으므로 차츰 패턴이 보이기 시작합니다.

여러 번 버그를 만들어서 디버그 작업에 익숙해지세요.

### 4 에러 발생 장소 클릭하기

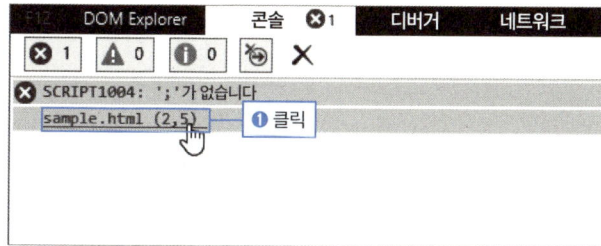

### 5 에러가 생긴 곳

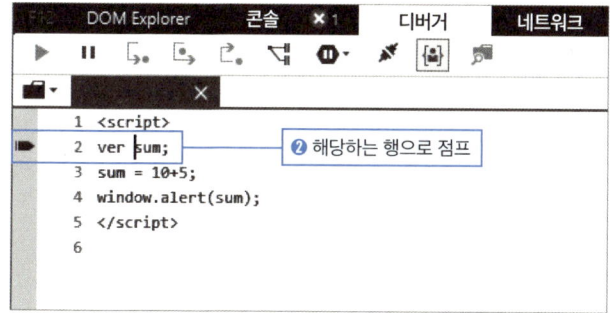

### 6 에러 수정하기

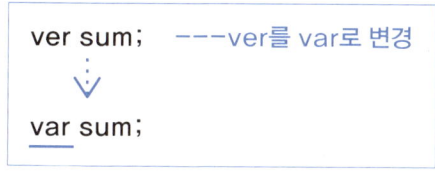

### 에러가 발생하지 않는 버그

에러 메시지를 보면 당황스러울지도 모르지만, 사실은 에러 메시지가 표시되는 버그는 초급편입니다. 오히려 에러가 발생하면 안심이 될 정도입니다. 골치 아픈 경우는 '에러가 발생하지 않았는데 제대로 작동하지 않는' 버그입니다. 예를 들어 그림 **7**의 프로그램을 봅시다.

배열 안의 합계를 계산하는 프로그램인데, 표시된 결과(그림 **8**)가 명백히 옳지 않은 숫자가 나왔습니다. 그러나 에러 메시지를 확인해도 딱히 문제는 없으며, 왜 이런 결과가 나왔는지 알 수 없는 상태입니다.

이런 경우 디버그 작업은 어떻게 하면 좋을까요? 이 경우, 우선 짐작되는 곳을 예측해봅니다.

계산 결과가 올바르지 않다는 것은, total이라는 변수에 올바르게 숫자가 더해지지 않은 경우를 생각할 수 있습니다. 그렇다면 계산 도중에 total이라는 변수는 어떻게 변화하고 있을까요?

그것을 알기 위한 기술이 console.log입니다. 다음과 같이 추가해보세요.

앞의 순서에 따라 개발자 툴을 실행하여 이 프로그램을 움직여봅니다. 그리고 앞에서와 마찬가지로 콘솔을 살펴봅니다.

## 7 버그(결함)가 있는 프로그램

```
<script>
var sales = [1000, 2000, 1500, 800, -50];
var total = 0;
for (var i=0; i<sales.length; i++) {
  total = total - sales[i];
</script>
```

## 8 표시된 결과

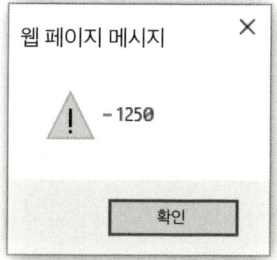

## 9 console.log 추가

```
<script>
var sales = [1000, -2000, 1500, 800, -50];
var total = 0;
for(var i=0; i<sales.length; i++) {
  total = total - sales[i];
  console.log(total); ----여기를 추가
}
window.alert(total);
</script>
```

그러면 그림 ⑩과 같이 숫자가 차례대로 쓰여 있습니다. console.log
라는 기술은 '콘솔 윈도우에 문장을 표시한다'라는, 디버그 전용 기술
(이 log를 메소드라고 합니다)입니다. 여기에 조사하고 싶은 변수를 기술하
면, 이처럼 계산 등의 과정을 표시해줍니다.

그렇게 해보면, 최초의 계산 결과가 명백히 틀렸습니다. 0+1000을
계산하고 있는데 뺄셈이 실행되어 있습니다. 이것은 말하자면, 덧셈과
뺄셈을 잘못 썼다는 것을 알 수 있습니다.

실제로 프로그램을 확인하면, 다음 부분이 뺄셈으로 되어 있습니다.

total = total - sales[i];

이것을 덧셈으로 고쳐서

total = total + sales[i];

이라고 합니다. 다시 해보면 제대로 작동하는 것을 알 수 있습니다.
이처럼 변수의 내용을 console.log로 표시해보는 것은 대표적인 디버
그 방법입니다.

⑩ 콘솔을 표시

| F12 | DOM Explorer | 콘솔 | 디버거 | 네트워크 |
|---|---|---|---|---|
| ❌ 0 | ⚠ 0 | ℹ 0 | 🔄 ✖ | |
| -1000 | | | | |
| 1000 | | | | |
| -500 | | | | |
| -1300 | | | | |
| -1250 | | | | |

11 console.log 사용법

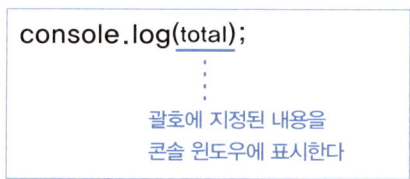

12 수정 후의 파일을 실행해보면

### 고도의 디버그 방법, 중단점

간단한 버그를 확인할 때는 이 두 가지 방법으로 충분하지만, 좀 더 고도의 프로그램에서는 이 방법만으로 프로그램의 움직임을 따라갈 수 없을 때가 있습니다. 그런 경우에는 디버거라는 툴을 이용합니다.

예를 들어, 앞의 프로그램을 다시 한 번 틀린 상태(뺄셈)로 만들고 움직여봅시다. 개발자 툴을 실행하면 IE와 사파리에 디버거라는 탭이 있으므로 이것을 클릭합니다(그림 13).

그러면 프로그램 내용이 표시되므로 조사하고 싶은 장소, 여기서는 total 계산을 하는 5행의 행 번호 근처를 클릭해봅니다. 왼쪽에 빨간 동그라미가 표시됩니다. 이것을 중단점(break point)이라고 부르며, 프로그램이 여기서 일시적으로 정지합니다(그림 14).

그리고 웹브라우저의 새로고침 버튼을 클릭합니다. 그러면 앞에서 설정한 중단점 위치에서 프로그램이 정지하는 것을 알 수 있습니다(그림 15).

### 13 디버거 실행하기

### 14 중단점 설정하기

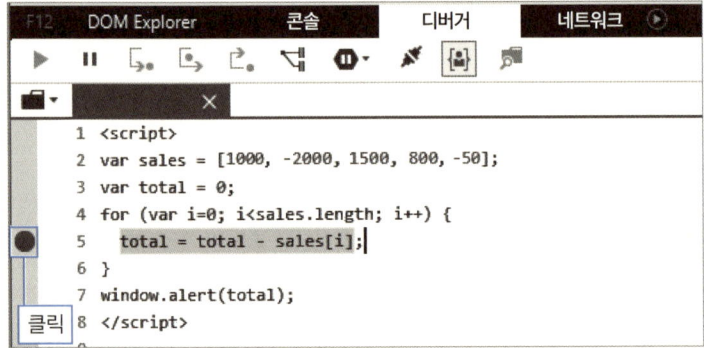

### 15 새로고침 버튼 클릭하기

이때 total 근처에 마우스 커서를 대보면 0이라고 표시됩니다.

이것은 '지금 total이라는 변수는 0이 되어 있다'라는 것을 알 수 있습니다. 그럼, 왼쪽 위에 있는 재생 버튼을 눌러보세요. 이것으로 일시 정지하고 있는 프로그램이 다시 작동합니다(그림 17).

그러나 또다시 같은 중단점 부분에서 정지합니다.

다시, total 근처에 마우스 커서를 대봅니다. 이번에는 -1000이 되어 있습니다. 이전의 계산이 수행되어 마이너스 1000이 되어 있는 것 같습니다. 그러나 실제로 더해야 하는 숫자는 1000이어야 하므로 덧셈과 뺄셈이 틀렸다는 것을 깨달을 수 있습니다.

디버거를 이용하면 상당히 고도의 디버그 작업이 가능하며, 다양한 문제를 조사하거나 쓸모없는 프로그램은 없는지 등을 검사할 수도 있습니다.

또한, 다른 사람이 만든 프로그램이 어떤 프로그램인지를 확인하고 공부에 활용할 수도 있으므로 익숙하게 사용하면 편리합니다.

디버그를 할 때 때로는 끈기가 필요합니다. '프로그램을 만들 때보다 디버그를 하는 시간이 길다'는 것은 프로그래머에게도 일상다반사입니다. 너무 무서워하지 말고, 귀찮더라도 버그를 없애가면서 프로그램에 익숙해지기 바랍니다.

### 16 total에 커서를 갖다댄다

```
1 <script>
2 var sales = [1000, -2000, 1500, 800, -50];
3 var total = 0;
4 for (var i=0; i<sales.length; i++) {
5     total = total - sales[i];
6 }
7 window.alert(
8 </scri
```

커서를 갖다댄다.

● total    0
조사식을 추가

### 17 재생 버튼을 클릭한다

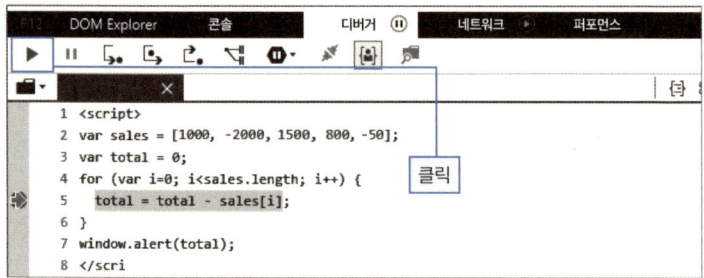

```
1 <script>
2 var sales = [1000, -2000, 1500, 800, -50];
3 var total = 0;
4 for (var i=0; i<sales.length; i++) {
5     total = total - sales[i];
6 }
7 window.alert(total);
8 </scri
```

클릭

### 18 다시 total에 커서를 갖다댄다

```
1 <script>
2 var sales = [1000, -2000, 1500, 800, -50];
3 var total = 0;
4 for (var i=0; i<sales.length; i++) {
5     total = total - sales[i];
6 }
7 window.alert(
8 </scri
```

커서를 갖다댄다.

● total    -100
조사식을 추가

## 자바스크립트를 기술하는 파일에 대하여

자바스크립트를 기술하는 파일은 일반적으로 다음과 같이 되어 있습니다.

```
<!DOCTYPE html>
<html lang="ko">
<head>
    <meta charset="UTF-8">
    <meta name="viewport" content="width=device-width">
    <link rel="stylesheet" href="css/style.css">
    <title>title</title>
</head>

<body>
<script>
alert("Hello, world!")
</script>

</body>
</html>
```

위의 1행은 웹브라우저에게 '이것은 HTML 문서란다'라는 것을 제시하는 정형문입니다. 2행 이후는 HTML 문서에 필요한 기술입니다. 사실, 자바스크립트 프로그램을 갑자기 <script>부터 쓰기 시작하는 것은 룰 위반입니다. 이 책에서는 간단히 동작을 확인하기 위해 일부러 생략하고 해설했습니다.

p.200에서 콘솔을 열었을 때 'DOCTYPE을 지정할 필요가 있습니다' 등의 경고가 나오는 경우도 있습니다. 이것은 위의 표기가 없어서 나타난 것입니다. HTML은 홈페이지를 제작하기 위한 전용 언어입니다. 요즘 홈페이지는 물론, 역 등의 대형 액정(전자 간판)이나 스마트폰의 각종 화면 등도 주로 이 HTML로 제작됩니다.

## 에필로그

여기까지 이 책을 읽어주신 여러분 감사합니다. 만화와 해설을 통해 프로그래밍의 즐거움, 요령 등을 조금이라도 알게 되었다면 기쁘겠습니다.

프롤로그에서 프로그래밍 학습의 중요성을 소개했습니다. 분명 이 책을 손에 든 여러분도 그런 의식이나 위기감이 있어서 이 책에 흥미를 느꼈을 것입니다.

그러나 사실 위기감이나 의무감으로 프로그래밍을 공부하는 것은 추천하지 않습니다. 프로그래밍 공부는 정말로 기나긴 과정이 필요한 분야입니다. 공부해야 한다는 위기감으로 시작하면, 바로 싫증이 나고 말지요.

또한 프로그래밍은 단계를 밟아 이해되는 분야가 아닙니다. 처음에는 뭘 공부해도 이해가 안 되는 상태가 계속됩니다. 그러나 포기하지 않고 조금씩 공부를 계속해가면 어느 날 갑자기 하나를 이해하게 되고, 그 후로는 쭉쭉 이해가 쉬워지면서 공부다운 공부를 하지 않아도 지식을 습득하게 됩니다.

외국어 공부에서처럼 '이해의 벽'이 존재합니다. 이 이해의 벽을 뛰

어넘는 것이 아주 힘듭니다. '흥미'를 가져야 포기하지 않고 계속할 수 있습니다.

저는 초등학생 때 '내가 좋아하는 텔레비전 게임을 직접 만들어보고 싶어!'라는 생각에 프로그래밍 언어를 배우기 시작했습니다. 그런 다음 초등학생, 중학생, 고등학생이 되어서도 계속 공부를 했는데, 제대로 이해하게 된 것은 아마도 고등학생이 된 다음이었던 것으로 기억합니다.

다행히도 저는 공부를 고생이라고 생각한 적이 없고, 쭉 즐기면서 하다 보니 프로그래밍에 친숙해질 수 있었습니다. 그것은 분명히 '게임을 내 손으로 만들고 싶다'라는 생각을 계속했기 때문이라고 짐작합니다(그 후 결국 게임을 만들지는 않았지만, 그 경험은 지금의 업무에 아주 큰 도움을 주고 있습니다).

프로그래밍을 공부하면 다양한 것을 만들 수 있으며, 나의 작업을 즐기거나 나의 아이디어가 형태를 갖출 수 있게 됩니다. 다른 사람이 만든 프로그램의 내용도 이해할 수 있으며, 그것을 흉내 내어 만들거나 개선해서 보다 편리하게 만들 수도 있습니다(저작권 등을 조심할 필요는 있지만요).

'오늘부터 공부를 시작해보자'라고 굳게 결심하기보다는, 우선 내가 프로그래밍을 할 수 있다면 무엇을 하고 싶은지, 어떤 것을 만들고 싶은지, 그런 '꿈'을 갖고 시작해보기 바랍니다. 그러면 즐겁게 공부를 계속할 수 있습니다.

여러분의 삶이 프로그래밍을 통해 좀 더 풍성해지기를 바랍니다.

## 만화로 배우는 프로그래밍

**초판 1쇄 인쇄** 2020년 5월 25일
**초판 1쇄 발행** 2020년 6월 1일

**지은이** 다니구치 마코토
**그림** anco
**시나리오** 기타다 다키
**만화 제작** (주)트렌드 프로
**옮긴이** 위정훈
**감수** 곽문기
**펴낸이** 이범상
**펴낸곳** (주)비전비엔피 · 비전코리아

**기획 편집** 이경원 차재호 김승희 김연희 이가진 황서연 김태은
**디자인** 최원영 이상재 한우리
**마케팅** 한상철 이성호 최은석 전상미
**전자책** 김성화 김희정 이병준
**관리** 이다정

**주소** 우)04034 서울시 마포구 잔다리로7길 12 (서교동)
**전화** 02)338-2411 | **팩스** 02)338-2413
**홈페이지** www.visionbp.co.kr
**인스타그램** www.instagram.com/visioncorea
**포스트** post.naver.com/visioncorea
**이메일** visioncorea@naver.com
**원고투고** editor@visionbp.co.kr

**등록번호** 제313-2005-224호

**ISBN** 978-89-6322-166-3 04320
978-89-6322-165-6(set)

- 값은 뒤표지에 있습니다.
- 잘못된 책은 구입하신 서점에서 바꿔드립니다.

이 도서의 국립중앙도서관 출판예정도서목록(CIP)은 서지정보유통지원시스템 홈페이지(http://seoji.nl.go.kr)와 국가자료종합목록 구축시스템(http://kolis-net.nl.go.kr)에서 이용하실 수 있습니다. (CIP제어번호: CIP2020017665)